中国中药饮片产业发展报告（2022）

任玉珍　吴　宪　江　云　主编

（中国中药协会中药饮片专业委员会）

北京科学技术出版社

图书在版编目（CIP）数据

中国中药饮片产业发展报告．2022／任玉珍，吴宪，江云主编．— 北京：北京科学技术出版社，2023.11
ISBN 978－7－5714－3314－7

Ⅰ．①中… Ⅱ．①任… ②吴… ③江… Ⅲ．①饮片—制药工业—产业发展—研究报告—中国—2022 Ⅳ．①F426.77

中国国家版本馆 CIP 数据核字（2023）第 199388 号

责任编辑：侍　伟
责任校对：贾　荣
责任印制：李　茗
出 版 人：曾庆宇
出版发行：北京科学技术出版社
社　　址：北京西直门南大街 16 号
邮政编码：100035
电　　话：0086－10－66135495（总编室）　0086－10－66113227（发行部）
网　　址：www. bkydw. cn
印　　刷：北京捷迅佳彩印刷有限公司
开　　本：710 mm×1 000 mm　1/16
字　　数：226 千字
印　　张：13
版　　次：2023 年 11 月第 1 版
印　　次：2023 年 11 月第 1 次印刷
ISBN 978－7－5714－3314－7

定　　价：**98.00 元**

编写委员会

顾　　问　（按姓氏笔画排序）

　　　　　王孝涛　张世臣　金世元　房书亭

主　　审　张世臣

主　　编　任玉珍　吴　宪　江　云

副 主 编　孙立立　苏桂云　陆兔林　赵润怀　谌瑞林

编　　委　（按姓氏笔画排序）

　　　　　王龙虎　兰泽伦　任玉珍　江　云　孙立立

　　　　　苏桂云　杜　杰　李　耿　李　楠　吴　宪

　　　　　宋　嬿　张　村　陆兔林　陈彦琳　陈盛君

　　　　　周路山　赵润怀　姜　涛　谌瑞林　谭　鹏

　　　　　戴　磊　戴衍朋　魏　梅

学术秘书　杜　杰

前　言

中药饮片产业形成于唐宋时期，绵延至今。在17世纪工业化浪潮来临之前，中药饮片产业已形成了“前店后厂”的传统产业模式，并在此基础上进行产业细分。然而，在现代，中药饮片产业的发展较为缓慢，直至20世纪80年代至90年代，随着国家对中药饮片产业的高度重视，加上消费者对中医药的青睐、国际市场出口的大幅度增加等外部条件的推动，以及一系列促进中医药事业发展的政策的出台和药品生产行业药品生产质量管理规范（GMP）认证制度的推行，中药饮片产业实现了快速增长和跨越式发展，从“小、散、乱、差”的手工业逐渐转向规范化、机械化的规模化产业。中药饮片行业主营业务有了较快发展，主营业务收入从2011年的854亿元增长到2021年的2 057亿元，中药饮片产业成为中药产业的三大支柱之一。中药饮片产业发展时间不长，自20世纪90年代至今，尚未有权威机构对整个产业脉络进行系统的梳理。有鉴于此，本书编者对中药饮片产业的内外部环境、上下游供需情况、经营状况、发展趋势等信息进行了总结和分析，以展示整个产业的发展脉络，使投资者和生产企业能够系统、快速地了解本行业，从而更加科学地进行投资和生产经营活动。

本书首次系统整理了自中华人民共和国成立以来，尤其是“九五”时期以来的中药饮片产业发展历程；清晰地呈现了中药饮片产业发展的政策环境及发展现状；梳理了“七五”时期以来中药饮片产业在炮制技术规范化、工艺技术装备提升和创新、饮片质量标准提升及科研成果在产业的应用等方面的情况；介绍了中药饮片产业人才队伍的建设情况（包括高层次人才及产业一线技术工人的培训情况）；整理了中药饮片标准体系、炮制技术规范和炮制生产设备的标准化进程，中药配方颗粒产业发展概况，以及产业延伸服务发展现状；通过深入分析中药饮片产业现状和发展趋势，明确提出了中药饮片产业发展应对措施，为中药饮片产业的高质量发展提供借鉴和指引。

从2011年到2022年，中药饮片产业经历了从快速增长到总体平稳、稳中有进的发展态势，这与我国经济从高速增长转向高质量发展的态势相一致。中药饮片产业正朝着高质量、高标准的方向发展。中药饮片产业的高质量发展，有利于中药质量理念向中药材种植、采收、加工等上游环节传导，进而促进中药饮片质量的提升。然而，在发展过程中中药饮片产业也存在一些问题，亟待进行变革。这种变革需要相关部门制定、修订和调整有关法律、法规、标准、规范等，以打破地方保护政策、技术壁垒，推动饮片全国大流通、大竞争格局的形成，推动饮片产业模式变革，形成以“优质种子种苗－道地药材－优质饮片－高品质中成药”为竞争核心的中药产业良性发展链条；同时，又需要中药饮片生产企业广泛参与，积极转变生产经营理念。中药饮片生产企业既要做非物质文化遗产的继承者，又要做现代中药炮制技术的创新者、优质中药饮片标准的制定者和中药行业整合的先行者，从而将中药饮片产业发扬光大。

中药饮片产业为中华民族的繁衍生息和人民健康做出了巨大贡献，是中医药产业的重要组成部分。由于中医药理论的独特性，中药饮片炮制的科学内涵尚需进一步研究和阐明。尽管《中华人民共和国中医药法》实施已逾5年，但对中药饮片事业的重要性认识不够、中药饮片产业的发展方向不够明确，以及对中医药优秀传统文化不够自信等现象依然存在。与此同时，中药饮片产品、服务还不能满足人民群众日益增长的健康需求，以及中药炮制专业人才培养和队伍建设还不能满足中药饮片事业发展要求等供需不平衡、不匹配的问题尚未得到根本解决。中药饮片产业正处于从传统向现代迈进的关键时期，希望本书能够成为人们了解中药饮片行业情况、促进行业转型的重要参考资料，为企业投资和政府改革决策助力。

编　者

2023年3月

目　录

·第一章·

中药饮片产业概况

中医药是我国独特的医药卫生资源，在疾病治疗及预防保健等方面均具有显著的特色和优势。党和政府一直高度重视中医药的发展。1958 年，毛泽东主席就提出："中国医药学是一个伟大的宝库，应当努力发掘，加以提高。"2015 年，习近平主席指出："中医药学凝聚着深邃的哲学智慧和中华民族几千年的健康养生理念及其实践经验，是中国古代科学的瑰宝，也是打开中华文明宝库的钥匙。"

中药饮片与中药材、中成药共同构成了我国中药产业的三大支柱，是我国中药产业的重要组成部分，也是我国医药领域拥有自主知识产权的产业之一。中药饮片产业的高质量发展，不仅决定着我国整个中药产业的发展进程，也对我国中医药事业的健康发展有着重要影响。

第一节　中药饮片在中药产业中的地位

一、中药饮片及其法定地位

中药饮片是指在中医药理论的指导下，根据辨证施治和调剂、制剂的需要，对中药材进行特殊加工、炮制而得到的制成品。饮片在 2020 年版《中华人民共和国药典》（以下简称《中国药典》）"凡例"中的定义为饮片系指药材经过炮制后可直接用于中医临床或制剂生产使用的药品。中医临床用来治病的药物是中药饮片和中成药，而中成药的原料亦是中药饮片。

与中药饮片相关的另外一个概念是"炮制"。中药饮片炮制是我国的一项传统制药技术，也是我国医药学特有的制药术语。炮制是根据中医药理论，依照辨证施治用药的需要和药物自身性质，以及调剂、制剂的不同要求，所采取的一项制药技术。中药炮制是将中药材制备成中药饮片的制药技术，是中医药理论在临床用药上的具体表现，是世界上独特的制药技术之一，是保证饮片质量的关键，具有实践性强、知识面广的特点，是一门既传统而又创新的综合性应用学科。

产业链是产业经济学中的一个概念，是各个产业部门之间基于一定的技术经济关联，并依据特定的逻辑关系和时空布局关系，客观形成的链条式关联关系形态。产业链是一个包含价值链、企业链、供需链和空间链四个维度的概念。这四个维度在相互对接的均衡过程中形成了产业链，这种对接机制是产业链形成的内模式，作为一种客观规律，对接机制像一只“无形之手”调控着产业链的形成。

二、中药饮片在中药产业链中的地位

传统意义上的中药产业包括了中药材、中药饮片和中成药三大部分，中药材、中药饮片和中成药共同构成了中药产业的三大支柱。中药饮片是中药材的炮制品，也是中成药以及中药配方颗粒的原料，处于中药产业的中间环节，在中药产业中发挥着承上启下的作用（图1－1）。目前，中药产业已经形成了较为完善的产业链。

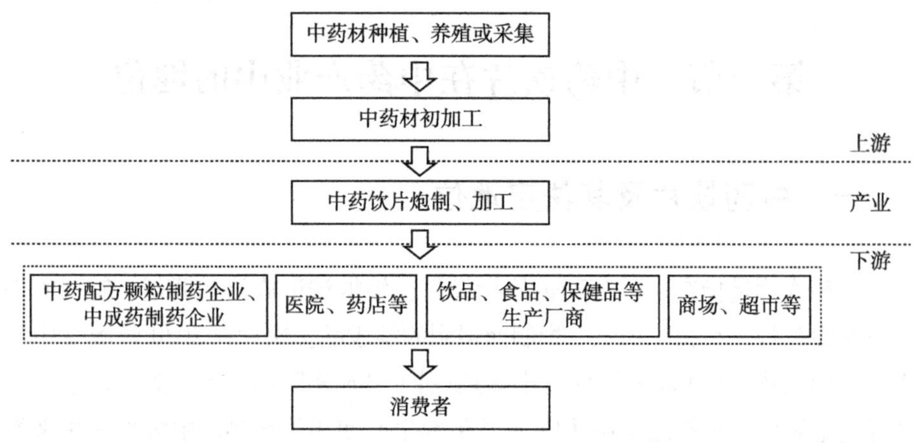

图1－1　中药饮片产业链概况

中药饮片产业链的上游为中药材种植、养殖或采集和初加工等环节；下游包括中成药和中药配方颗粒制造业、中医医疗机构、药店等。最终，中药饮片以中医临床处方药，或制成中成药、中药配方颗粒、保健品、食品等形式被消费者使用。

中药饮片为中药材生产加工后的炮制品，根据安全性差异、临床应用要求的不同，中药饮片可以分为普通中药饮片、毒性中药饮片和直接口服中药饮片。在生产经营管理中，毒性中药饮片应从严管理，以确保用药安全。根据市场需要和应用场景的不同，中药饮片分为配方饮片、工业饮片和药食同源类饮片。

三、常见中药饮片

（一）普通中药饮片

中药饮片必须在符合《药品生产质量管理规范》（GMP）的药品生产企业加工炮制。普通中药饮片是非毒性药材经过炮制后，直接用于中医临床或制剂生产的药品。

（二）毒性中药饮片

毒性中药饮片是毒性中药材经过炮制后可直接用于中医临床或制剂生产的药品。中药炮制的主要目的在于"减毒增效"，毒性中药材经过炮制后能降低或消除毒性或副作用，改变性能，增强疗效。

中药毒性，通常分为广义的中药毒性和狭义的中药毒性。广义的中药毒性是指中药的偏性。中医认为药物的作用是补偏救弊，即利用药物之偏性来调节人体之偏性。狭义的中药毒性是指中药含有的毒性，即那些偏性大的中药，药理作用强，安全范围小，若使用不当，会损害机体，破坏正常的生理功能，使人体产生病理变化，甚则危及生命。

1988 年国务院颁布的《医疗用毒性药品管理办法》规定："医疗用毒性药品（以下简称毒性药品），系指毒性剧烈、治疗剂量与中毒剂量相近，使用不当会致人中毒或死亡的药品。"《医疗用毒性药品管理办法》收载的毒性中药有 27 种（原《医疗用毒性药品管理办法》收录的毒性中药为 28 种，后红粉、红升丹合为 1 种），详见附表 1－1。

2020 年版《中国药典》在"性味与归经"项下对药材或饮片的毒性做了明确标示，据不完全统计，2020 年版《中国药典》中"性味与归经"项下标明"有大毒""有毒""有小毒"的品种共计 83 个，详见附表 1－2。

（三）直接口服中药饮片

直接口服中药饮片，简称直服饮片，一般是在中药饮片用法用量项下有"研粉吞服""磨汁或研粉服"等指示可直接口服的饮片。如三七粉、珍珠粉、酒制蜂胶、鲜竹沥等。

四、中药配方颗粒

中药配方颗粒是对传统饮片的补充。中药配方颗粒通常也被称为免煎中药饮片。2021 年 1 月，国家药品监督管理局发布的《中药配方颗粒质量控制与标准制定技术要求》明确规定：中药配方颗粒是由单味中药饮片经水提、分离、浓缩、干燥、制粒而成的颗粒，在中医药理论指导下，按照中医临床处方调配后，供患者冲服使用。中药配方颗粒应具备汤剂的基本属性，符合颗粒剂通则的有关要求，符合品种适应性原则。

五、中药饮片形式的新探索

超微（破壁）饮片指的是利用机械或流体动力的方法，将中药饮片粉碎成 10 ~ 25 μm 的超微粉。

现代生产技术加工的饮片产品，如“超微粉”“破壁饮片”“纳米饮片”等，可以直接冲服使用，改变了传统饮片的物质特性和服用方式。但是此类饮片缺乏安全性、有效性的研究，大规模使用存在安全用药风险，因此，药品监督管理部门历来重视对此类产品的监管。

第二节　中药饮片产业发展历程

早在中医药形成初期，中药饮片就已经出现，但中药饮片产业并未随之产生。在中药得以广泛应用，中药饮片技术与理论不断发展后，中药饮片行业才逐步发展壮大，形成了中药饮片产业。

一、古代中药饮片产业发展

随着医药知识的逐步积累，最早的采药人认识到中药的医疗价值，以流动行医卖药或摆摊、启肆卖药的经营方式为主。南北朝时期，医、药开始分业经营。随着中药行业的不断发展，各地出现不少从事药材采集、贩运、批发、加工的商人。《本草经集注》中“采送之家”“蜀药及北药”描述的是药材批发商；“顺方切须……二百许种”描述的是饮片零售商；“丸散家”描述的是成药生产经营商。自此，医、药分业，且三大类商品的界限逐渐清晰。隋唐时期，国力强盛，中药饮片产业也随之发展。首都长安出现了大小药肆，大药店涉及药材的收购、加工、销售等，是中药行业前店后厂经营模式的发端。两宋时期，经济的发达、官方的重视促使中药产业出现了官营和民营两种体系。官药局依据《太平惠民和剂局方》进行生产。官药局所用中药饮片均需按照规范炮制，禁止使用不合格的饮片制造熟药（成药），饮片炮制由“修合官”负责监督实施。同时，民营药业也在蓬勃发展，生药铺经营药材批发，熟药铺经营成药，药铺有正式的招牌字号，名末冠以“生”“熟”。明清时期，官药局逐步走向衰亡，民营药业蓬勃发展。中药饮片加工分工更加细化，生药行含拆货棚、片子棚，经营药材并简单切制加工药材；熟药行一般为前店后厂，主要进行药材炮制加工和成药生产等。全国性的中药市场也逐步形成，主要有禹州药市、百泉药市、祁州药市、樟树药市等四大药市，出现了药品经营的专业组织，如“十三帮”。

二、现代中药饮片产业发展

（一）中药饮片产业起始阶段

从清朝末年到中华人民共和国成立前，中国受到了前所未有的屈辱，中国人民蒙受了深重苦难，民族经济受到沉重打击，中医药受到政府层面的歧视和打压，在内乱外战极为艰难的社会背景下，民族医药行业难以发展，中药饮片行业的发展也基本处于停滞、萎缩的状态。1949 年中华人民共和国成立后，在党的领导下，卫生事业蒸蒸日上。1954 年，毛泽东主席对于中药行业做出重要指示：“中药应当很好地保护与发展。我国的中药有几千年的历史，是祖国宝贵的遗产，如果任其衰落下去，将是我们的罪过。所以对各省生产药材应加以调查保护，鼓励生产，便利运输，改进推销。”1955 年 3 月，原中国药材公司成立，接管了中国土产公司、全国供销合作总社和中国医药公司的中药业务。各省、市、县亦相继建立各级中药材公司，各级中药材公司实行全行业的统一经营、统一管理、统一核算，结束了中药分散经营和私营商业起主要作用的局面。自 1956 年起，各地药材公司适当集中原有的炮制人员和生产工具，组成饮片加工部或加工组，扩大饮片生产；条件好的公司逐渐更新设备，充实人员，饮片加工部或加工组发展成饮片厂。全国范围内的社会主义改造开始之后，中药饮片产业也随着“公私合营”的开展，转变了前店后厂切制饮片的生产模式，饮片生产也统归于遍布全国的药材公司，各地药材公司或药材站均建有饮片加工厂，生产加工的饮片在本区域内统一调度、计划使用。生产设备更新，生产规模扩大，为中药饮片产业的规模化发展提供了前期的准备和积累。而且各地药材公司、药材站的饮片厂聚拢了很多在中华人民共和国成立前参与饮片加工和经营的老药工，为中药饮片产业保留了人才，在很大程度上保留了传统的炮制技术。1960 年以后，多种选药机、筛药机、切药机、炒药机相继研制成功，并陆续投入使用，这些机器的使用提高了生产效率，减轻了工人的劳动强度。1970 年以后，国家在河南周口、上海、天津、吉林长春投资建立了 4 家中药饮片机械厂，这标志着我国的中药炮制设备步入了专业化、规模化的发展阶段。这一时期，在国家计划经济体制统筹下，中药饮片行业由小作坊的生产模式，逐步转变为集中生产的模式，通过逐步的产业化过程，中药饮片行业形成了相对独立的产业体系，中药饮片产业初步成形。

（二）中药饮片产业初级发展阶段

十一届三中全会开启了改革开放的新时代。1982 年 11 月，中国民主建国会中央委员会主席胡厥文、中华全国工商业联合会主任委员胡子昂、中国农工民主党主席季方共同向中共中央提交了《关于振兴和发展中药事业的建议书》，要求进一步解决中药供应紧缺、饮片质量下降和中药行业后继乏人的问题。根据中共中央对《关于振兴和发展中药事业的建议书》的批示，1983 年，原国家医药管理局组织开展了调查研究。《国务院批转国家医药管理局关于中药工作问题的报告的通知》（国发〔1983〕160 号），要求对饮片加工的技术改造，要与中成药厂统筹安排，在安排技术措施费时，给予专项照顾。以此为契机，全国饮片加工的技术改造进程加快。1983—1984 年，在国家投资 755 万元、地方投资 810 万元的基础上，全国 44 个饮片厂进行了重点技术改造。此次技术改造的总体要求如下：改造厂房，更新设备，合理布局，扩大品种，提高产量，降低成本，保证质量，文明生产。济南中药饮片厂与山东省中医药研究所（现山东省中医药研究院）协作进行技术改造，成为生产厂家同科研单位相结合进行技术改造的样板，山东省中医药研究所研制的

“中药材减压冷浸软化装置”被用于实际生产。南京、苏州等地的中药饮片厂，另择新址，重新建厂。天津、武汉等地的中药饮片厂，在原址建起了新厂房，引进了新设备，改善了生产条件，将生产区与生活区隔离开来，美化了环境。全国的中药饮片生产，呈现出崭新面貌，取得了突破性进展。饮片行业的一系列工作成果逐步显现。原国家医药管理局于1984年、1985年连续召开了两次全国饮片工作会议，开展了饮片质量的评比、检查，加强了饮片的质量管理，饮片的质量逐步提高。1986—1990年，国家确定了对中药饮片生产企业免征所得税和产品税的优惠政策，共计投资1亿元，改造了44个重点饮片厂。1991—1995年，中药饮片专项及中药专项技术改造，共安排84个项目，获得投资7.2亿元。至1998年，全国的饮片加工厂（场）、加工点有1 500多个，其中初具规模的企业有54个，饮片加工年产值近3亿元。至2000年，全国已有2 500余家饮片厂（场），其中“七五”期间由国家经济贸易委员会支持进行技术改造的44家企业，以及“九五”期间负责毒性饮片生产的59家定点企业，较为正规，生产规模较大，其余企业大多仍以作坊式的饮片加工方式为主，企业管理落后，生产设备简陋，人员素质低，既无严格的质量检测制度，又无必要的质量、卫生保障和环境条件，更谈不上科学的生产管理。亳州和安国药材市场的个体经营者控制了两个药材市场70%~80%的中药饮片市场经营份额，全国30%以上的市售饮片来自非专业的饮片生产企业。中药饮片生产混乱、经营无序，也不可避免地造成了中药饮片的质量问题。

（三）中药饮片产业规范化发展阶段

2003年1月30日，原国家食品药品监督管理局颁发了中药饮片、医用氧GMP补充规定，并于2003年6月开始认证试点工作。四川新荷花中药饮片股份有限公司、北京华邈中药工程技术开发中心、广东康美药业股份有限公司、江西汇仁堂中药饮片有限公司、上海养和堂中药饮片有限公司等5家企业在当年通过了原国家食品药品监督管理局的GMP认证。2004年10月26日，原国家食品药品监督管理局下发《关于推进中药饮片等类别药品监督实施GMP工作的通知》，该通知明确要求，自2008年1月1日起，所有中药饮片生产企业必须在符合GMP的条件下生产。届时对未在规定期限内未达到GMP要求并取得《药品GMP证书》的相关中药饮片、医用气体、体外生物诊断试剂生产企业一律停止生产。至2007年2月，除西藏自治区和港澳台地区外，全国各地均有企业通过了 GMP 认证（附表 1 - 3）。近年来，国家连续出台中药饮片产业政策。2009 年，中药饮片首次被列入《国家基本药物目录》，2010 年版《中国药典》“凡例”首次将饮片定义为处方药品，《中医药发展战略规划纲要（2016—2030 年）》、《中华人民共和国中医药法》（以下简称《中医药法》）、《中共中央 国务院关于促进中医药传承创新发展的意见》等中医药专属的支持政策与法律法规连续出台，促进中药饮片产业走上持续、稳健、科学发展的道路。

第三节　中药饮片产业发展成就

自 1996 年至今，在国家政策的指引和支持下，伴随着医药市场规模的快速扩大，中药饮片产业突飞猛进，得到了长足的发展。中药饮片产业规模持续增大，产业占比、主营业务收入和生产企业数量等均保持增长的态势。

一、中药饮片产业规模整体呈增大趋势

1996 年中药饮片加工业总产值为 4.7 亿元，2021 年中药饮片行业主营业务收入为 2 057 亿元，20 余年间产业规模增大了 400 余倍，年均增长率超过 30%，远超同期医药行业的平均增幅。尤其是 2009 年国家基本药物制度建立后，中药饮片被纳入《国家基本药物目录》，中药饮片产业规模更是大幅度扩大，保持了近十年的双位数增长，中药饮片行业主营业务收入占医药行业的比例也从 2011 年的 5.63% 增加到 2021 年的 6.28%（图 1 - 2）。2016 年至 2018 年，中药饮片行业主营业务收入和利润增速急剧下降，2019 年至 2020 年又有所回升，2020 年我国中药饮片行业主营业务收入为 1 809 亿元，较 2019 年增长 - 10%，2021 年中药饮片行业主营业务收入为 2 057 亿元，比 2020 年的 1809 亿元增长 13.7%（图 1 - 2）。

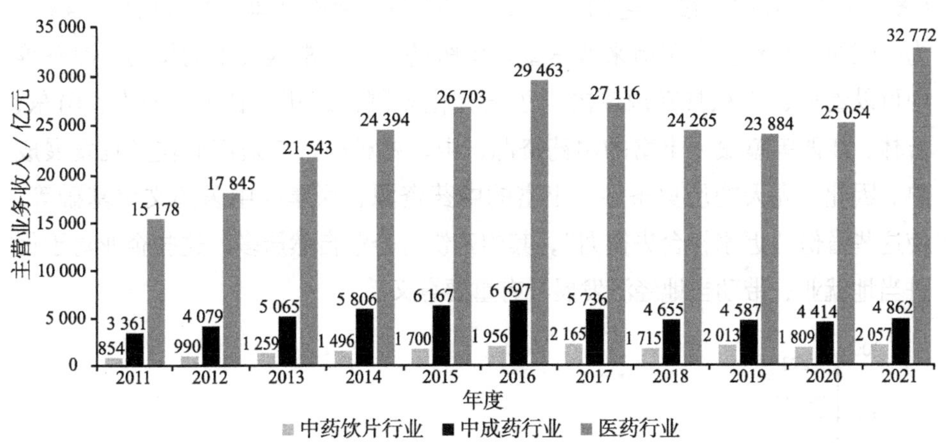

图 1－2　2011—2021 年中药饮片行业、中成药行业、医药行业主营业务收入

二、中药饮片企业数量增加，且地区集中度高

2011—2021 年，中药饮片企业数量总体呈现增长趋势，自 2011 年的 593 家，增长至 2019 年的 2 210 家，截至 2022 年，已注册的中药饮片企业有2 250 家（图 1－3）。

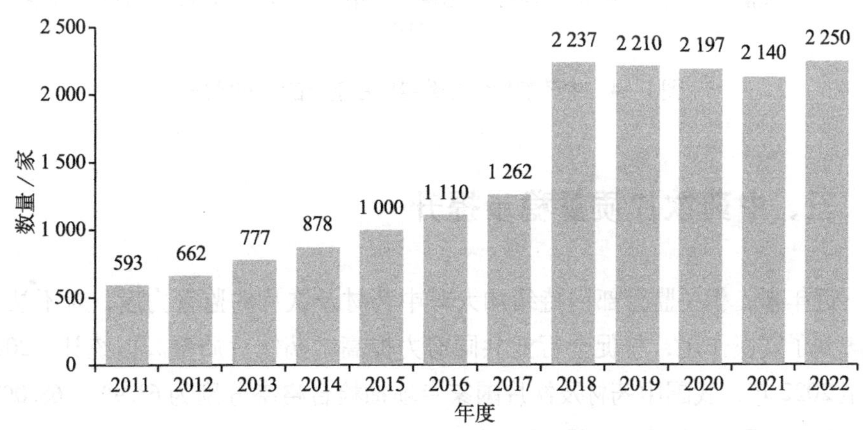

图 1－3　2011—2022 年中药饮片企业数量

通过对 2022 年中药饮片企业按地区进行统计分析，我们发现全国各省均有中药饮片企业分布，且不同地区中药饮片企业数量显著地分布不均，数量前十的地区依次是安徽、广东、四川、河北、云南、河南、甘肃、山东、江西、吉林，这 10 个地区的中药饮片企业数占全国中药饮片企业总数的 62%

（图1-4）。其中安徽（亳州）、河北（安国）、河南（禹州）、江西（樟树）为中国四大药都。广东历来非常重视中医药，从日常饮食中的煲汤、凉茶等中可以看出，广东具有浓厚的中医药文化氛围；四川、甘肃、云南、山东、吉林、江西等蕴藏了丰富的中药资源，中药材种植、养殖产业较多且发展成熟。因此，先天的历史条件、丰富的中药资源、深厚的中医药文化基础等，使这些省份“近水楼台先得月”，其中药饮片企业自然居多。这些企业对于促进当地就业、带动当地经济发展具有重要意义。

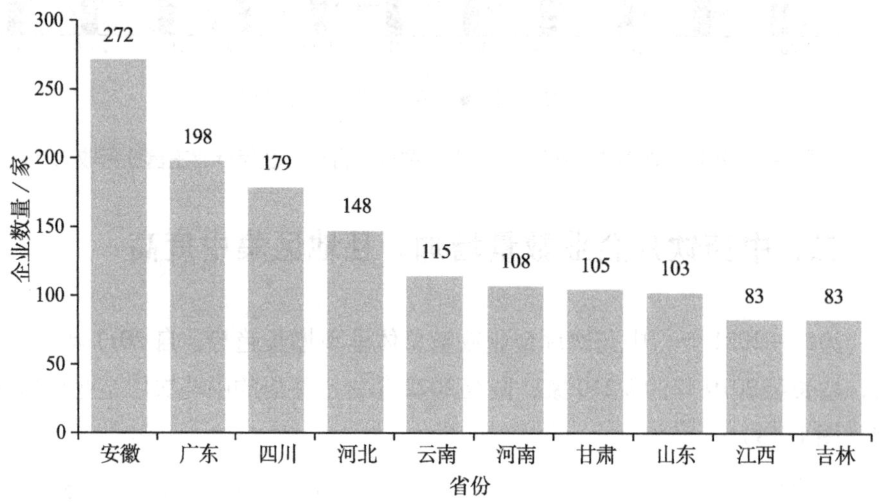

图1-4　中药饮片企业数量排名前十的分布情况

三、中药饮片质量稳步提升

近年来，相关监管部门持续加大对中药材及饮片的监管力度，对不法企业起到了震慑作用，督促全行业共同努力提高中药饮片质量。据统计，2013年至2022年，我国中药材及饮片国家专项抽检合格率分别为63.9%、68.0%、75.0%、81.7%、89.8%、87.8%、91.0%、98.0%、98.4%、96.8%（图1-5）。这说明中药材及中药饮片的质量呈现逐年提升、稳步向好的发展态势。

中国食品药品检定研究院公布的国家药品抽检年报（2022）显示，中药饮片专项抽检全年共抽检了9个中药饮片品种、1 675批次（其中配方颗粒18批，饮片1 657批），其中符合规定的有1 621批次，不符合规定的有54批次，合格率96.78%。

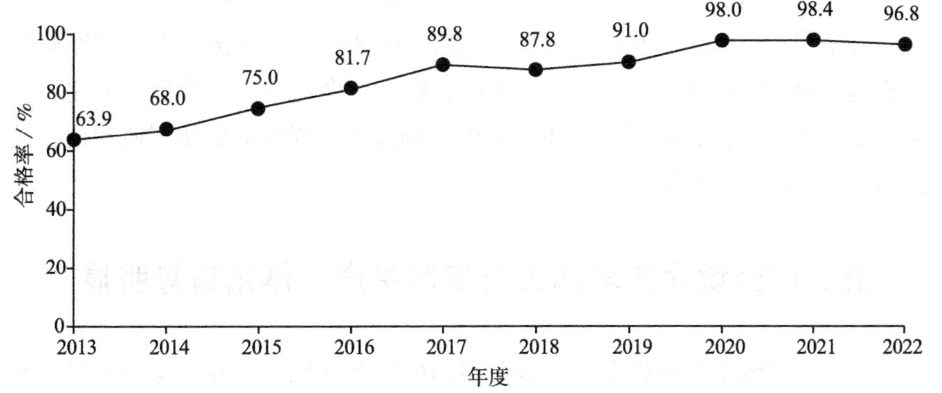

图1－5　2013—2022年我国中药材及饮片抽检合格率

四、中药饮片产业的转型发展

中药饮片产业虽有数千年的历史，但是真正迈向规范化和产业化的时间也就是二十余年。中药饮片加工产业长期存在企业数量多、中药规格品种多、单元设备多、区域流通多、规模小、产量小、全国流通少、资源有效利用少等问题。产业链上游的中药材种植、养殖业，尤其是产地加工对中药饮片产业影响巨大；中药饮片生产受到中药饮片质量体系构建、中药材质量、炮制技术规范、工艺设备制造、包装材料的制约，技术水平相对薄弱；而下游销售市场则呈现扩大的趋势，中药饮片除了为中成药、中药配方颗粒工业制造提供原料外，在大健康领域也有应用。因此，构建现代物流服务体系、饮片营销服务体系，成为中药饮片产业转型发展的主要抓手。

中药配方颗粒以剂型创新为新的扩展方向，优势明显，适应了现代消费者的需求，迎来了高速发展。

从中药饮片企业的发展趋势来看，中药饮片行业有产业分化的趋势：一部分企业向上游发力，加强与资源端的紧密联系，将企业触角直接深入产地加工；一部分企业在现有规模的基础上，收缩品种，做细做精特色饮片，在毒性、发酵、特殊炮制技术等方面占据优势；另一部分企业则在下游延伸服务的基础上加强对于现代物流链、现代仓储链的打造，提供中药流通、仓储、代煎、智能配送等服务，提高服务环节的附加值和效率。各企业均在主动寻找自己在产业内的生态位，中药饮片行业呈现出向专业化、特色化发展的态势。

中药饮片质量受上游中药资源产业的影响，单纯规范中药饮片生产加工环节并不能完全解决目前存在的相关问题，中药饮片产业链向上游拓展整合才有利于保障中药饮片的质量。未来中药饮片将会向着行业管理规范化、优势企业向上游中药材拓展、中药饮片供给侧改革、剂型创新使用便利化、供应链金融、产业集群化等方向发展。

五、中药饮片产地加工与炮制生产一体化趋势明显

就饮片传统生产过程而言，多数中药材是在产地加工成干燥的药材，然后再运往异地经浸润、切制、干燥等过程加工成饮片。如此反复的浸润、干燥等“二次加工”过程，不但增加了生产成本，而且使药材在储存、运输过程中变质损耗，在再次加工过程中成分破坏、流失，加之为了药用部位的干燥而普遍滥用的硫黄熏蒸，严重影响了饮片的质量。实际上，许多中药在加工成干燥药材之前，可选择时机直接进行饮片的产地加工，有的可以趁鲜切制、干燥；有的则可以干燥至一定程度后再切制、干燥成饮片。这既降低了饮片的生产成本，同时由于产地加工的饮片信息溯源清晰，又可保证饮片质量，有利于饮片产业的发展。

为了保障中药材原材料供应安全、控制药材质量和规避价格大幅波动的风险，部分优势企业积极向产业链上游拓展，在产地建立优势品种或主力品种的《中药材生产质量管理规范》（GAP）生产基地，或与当地种植合作社签约，共建生产基地，进行全产业链布局。中国中药控股有限公司、中国北京同仁堂（集团）有限责任公司、盛实百草药业有限公司、九州通医药集团股份有限公司等企业，率先在国内建立实施 GAP 标准的生产基地。随着行业规范化程度不断增强，上下游产业整合，企业并购重组，生产企业加强对药材源头的掌控，逐步提高行业集中度。2021 年 7 月 5 日，《国家药监局综合司关于中药饮片生产企业采购产地加工（趁鲜切制）中药材有关问题的复函》明确指出：中药饮片生产企业可以采购具备健全质量管理体系的产地加工企业生产的产地趁鲜切制中药材用于中药饮片生产。这极大促进了产地加工与炮制一体化的发展，成为中医药高质量发展的里程碑式的事件。此后，河北、山东、云南、湖北、安徽等省也相继出台一系列政策，积极引导本省中药材产地加工的发展。截至 2023 年 6 月，已有 22 个省份公布了趁鲜加工的品种，共涉及 487 个品种（未扣除重复部分），其中 43 个为 2020 年版《中国药典》

收载的可产地加工制成饮片的药材品种。此外，广东公布了76种产地趁鲜切制风险管控品种（附表1－4）。

通过上游中药材种植、生产与饮片炮制、加工、销售的整合，国家及各省相关单位制定了药材种植、采收、初加工、储运技术规范和药材等级标准，以及饮片炮制等各环节的生产规范及标准，形成了从原料生产到最终产品的系统性、质量可追溯的生产规范及标准体系。这些规范与标准的制定有利于中药饮片产业的标准化，有利于保障中药饮片质量稳定、安全、有效，有利于培育中药饮片大品种，全面提升行业发展水平。

第四节　中药饮片产业发展分析

一、中药饮片在中药工业中的占比逐年增加

中药饮片市场规模从2012年的945.64亿元增长至2021年的2 933.2亿元，增加到3.1倍。中国医药工业统计表明，2021年中药工业稳步增长，全年营业收入达到6 919亿元。其中，中药饮片主营业务收入2 057亿元，同比2020年的1 809亿元增长13.6%，占中药工业营收比例从2012年的19.20%上升至29.73%。2021年中药工业利润总额为1 004.5亿元，其中，中药饮片利润总额为249.3亿元，同比2020年的120.5亿元增长106.9%，占中药工业利润的比例达到24.82%。

二、中药饮片规模化企业不断涌现

据统计分析，截至2021年，全国药品生产企业中具有饮片生产资质的有2 410家，但是大多数中药饮片生产企业规模偏小，市场集中度较低，市场占有率前十的企业总占有率不足30%。近年来，随着中药饮片质量标准的逐渐提高、行业监管的趋严，小型企业逐渐被淘汰，规模大且规范的企业凭借资源及技术优势得到了快速发展，中药饮片行业的集中度得以持续提升。规模化的中药饮片品牌企业主要有中国中药有限公司、四川新荷花中药饮片股份有限公司、安徽协和成制药有限公司、亳州市沪谯药业有限公司、广州至信药业股份有限公司、北京本草方源药业集团有限公司、安徽普仁中药饮片有

限公司、吉林省北药中药制药集团有限公司等。

为推动中药饮片行业诚信建设，加强企业品牌意识，增强企业综合竞争能力，中国中药协会中药饮片专业委员会分别于2008年、2013年、2016年、2018年发布了四届中药饮片诚信品牌（表1-1～表1-4），提升了中药饮片行业的品牌意识，促进了中药饮片质量的提高。中国中药协会通过综合评价，在中国中药品牌建设大会发布了一批优质中药饮片品牌、独特炮制中药饮片品牌、中药饮片品牌企业和中药饮片品牌品种（表1-5～表1-8）。

表1-1　第一届中药饮片诚信品牌（2008年）

企业名称	品牌商标	品种名称
国嘉集团·中嘉国际有限公司	一物兼牌	冬虫夏草
四川新荷花中药饮片股份有限公司	新荷花牌	厚朴
安徽协和成药业饮片有限公司	协和成牌	牡丹皮
成都通灵中药饮片精选有限公司	藏蕴牌	冬虫夏草
沈阳德生堂天然药物有限公司	herbasin牌	五味子
亳州市亳广中药饮片有限公司	亳广牌	白芍
成都市金鑫中药饮片有限责任公司	金鑫牌	冬虫夏草
四川佳能达攀西药业有限公司	好医生牌	附子
浙江省医药保健品进出口有限责任公司	金豹牌	杭白菊

注：由中国中药协会中药饮片专委会与中国医药保健品进出口商会中药饮片分会共同评出公布。

表1-2　第二届中药饮片诚信品牌（2013年）

企业名称	品牌商标	品种名称
北京同仁堂（亳州）饮片有限责任公司	同仁堂牌	亳白芍、亳菊花
甘肃中天药业有限责任公司	中天泰科牌	黄芪
亳州市沪谯药业有限公司	奇珍牌	亳白芍
郑州瑞龙制药股份有限公司	瑞龙牌	雄黄粉
佛山市中药饮片厂有限公司	宝资林牌	盐巴戟天
杭州桐君堂医药药材有限公司	药祖桐君牌	红曲
广州至信药业股份有限公司	致信牌	黄芪
吉林敖东中药饮片股份有限公司	敖东牌	鹿茸、人参
洪雅县瓦屋山药业有限公司	雅女湖牌	天麻

续表

企业名称	品牌商标	品种名称
苏州市天灵中药饮片有限公司	李良济牌	白花蛇舌草
福建天人药业有限公司	瑞祥天人牌	太子参
郴州大诚中药饮片有限责任公司	喜圣牌	盐杜仲
浙江衢州南孔中药有限公司	南孔牌	姜半夏
嫩江北药中药饮片有限公司	驿仙堂牌	赤芍
康美新开河（吉林）药业有限公司	新开河牌	红参
四川省利民中药饮片有限责任公司	山乡牌	黄柏
上海康桥中药饮片有限公司	康桥牌	沪地龙
四川千方中药饮片有限公司	千方牌	青黛
四川新荷花中药饮片股份有限公司	新荷花牌	川贝母
四川江油中坝附子科技发展有限公司	中坝牌	白附片、黑顺片
北京人卫中药饮片厂	人卫牌	麸炒白术
浙江中医药大学中药饮片有限公司	玉杵牌	浙贝母
洛阳康鑫中药饮片有限公司	深森牌	熟地黄
北京华邈中药工程技术开发中心	华邈牌	法半夏
浙江华宇药业股份有限公司	泽人牌	醋延胡索
江西樟树天齐堂中药饮片公司	天齐堂牌	麸炒枳壳
四川省广汉中药饮片有限责任公司	飞鸿牌	胆南星
云南白药集团股份有限公司中药饮片分公司	千草堂牌	法半夏
辽宁贵今生物医药有限公司	贵今牌	鹿茸
杭州华东中药饮片有限公司	寿星牌	太子参
好医生集团公司（四川佳能达攀西药业有限公司）	好医生牌	黑顺片、白附片
浙江宇晨药业有限公司	宇晨牌	浙贝母

表 1－3 第三届中药饮片诚信品牌（2016 年）

企业名称	品牌商标	品种名称
安国圣山药业有限公司	祁州圣山牌	天花粉
安徽石田中药饮片有限公司	石田饮片牌	炒白芍
包头市昆仁药业有限责任公司	昆仁牌	黄芩
北京华邈中药工程技术开发中心	华邈牌	醋五味子、黄芩

续表

企业名称	品牌商标	品种名称
北京同仁堂（亳州）饮片有限责任公司	同仁堂牌	亳白芍
亳州市沪谯药业有限公司	奇珍牌	姜半夏
甘肃天士力中天药业有限责任公司	中天泰科牌	当归
广东和翔制药有限公司	德庆牌	制何首乌
广东汇群中药饮片股份有限公司	东方汇群牌	广地龙
广州至信中药饮片有限公司	致信牌	砂仁
杭州华东中药饮片有限公司	寿星牌	白术
哈药集团世一堂中药饮片有限公司	世一堂牌	五味子
河北美威药业股份有限公司	金貅牌	冷冻山药
洪雅县瓦屋山药业有限公司	雅女湖牌	雅连
湖北神农本草中药饮片有限公司	房陵本草牌	北柴胡
湖南大诚中药生物有限责任公司	寿福村牌	红曲
江西江中中药饮片有限公司	恒康泰牌	白术
江西樟树天齐堂中药饮片有限公司	天齐堂牌	盐车前子
吉林敖东中药饮片股份有限公司	敖东牌	五味子
康美药业股份有限公司	康美牌	三七粉、西洋参
辽宁贵今生物医药有限公司	贵今牌	细辛
洛阳康鑫中药饮片有限公司	深森牌	酒萸肉
山东百味堂中药饮片有限公司	百味堂牌	六神曲
上海康桥中药饮片有限公司	康桥牌	红豆杉
四川佳能达攀西药业有限公司	好医生牌	黑顺片、白附片
四川江油中坝附子科技发展有限公司	中坝牌	黑顺片、白附片、蒸附片、炒附片
四川利民中药饮片有限责任公司	山乡牌	黄精
四川千方中药饮片有限公司	千方牌	银耳
四川新荷花中药饮片股份有限公司	新荷花牌	姜半夏
苏州市天灵中药饮片有限公司	李良济牌	青蒿
浙江华宇药业股份有限公司	泽人牌	温郁金
浙江康恩贝制药股份有限公司	康恩贝牌	醋延胡索

续表

企业名称	品牌商标	品种名称
浙江中医药大学中药饮片有限公司	玉杵牌	姜半夏
浙江桐君堂中药饮片有限公司	药祖桐君牌	百药煎
郑州瑞龙制药股份有限公司	瑞龙牌	朱砂粉（水飞）

表1-4　第四届中药饮片诚信品牌（2018年）

企业名称	品牌商标	品种名称
安徽德昌药业股份有限公司	薛阁塔牌	天麻
安徽石田中药饮片有限公司	石田本草牌	三七粉
安庆华氏中药饮片有限公司	沪宜牌	茯苓
北京华邈药业有限公司	华邈牌	太子参、防风
北京康仁堂药业有限公司	康仁堂牌	炙甘草、酒白芍
北京仟草中药饮片有限公司	京仟草牌	三七粉
北京市双桥燕京中药饮片厂	食味草牌	丹参
北京太洋树康药业有限责任公司	太洋树康牌	制巴戟天
北京万泰利克药业有限公司	万泰利克牌	黄精
亳州市沪谯药业有限公司	奇珍牌	白术
亳州市永刚饮片厂有限公司	永刚牌	白芍、白术
成都通灵中药饮片精选有限公司	踢糖牌	番石榴叶
重庆泰尔森制药有限公司	泰尔森牌	黄连
福建天人药业股份有限公司	瑞祥天人牌	太子参
甘肃天士力中天药业有限责任公司	中天泰科牌	党参、板蓝根
广东汇群中药饮片股份有限公司	汇群堂牌	黄连
广州至信中药饮片有限公司	至信牌	当归、熟党参
杭州华东中药饮片有限公司	寿星牌	半夏系列饮片、浙石斛
河北美威药业股份有限公司	金貅牌	淡豆豉
洪雅县瓦屋山药业有限公司	雅女湖牌	雅连
湖北金贵中药饮片有限公司	金贵德济堂牌	黄芪
江西江中中药饮片有限公司	汇中堂牌	白术、麸炒枳壳
江西樟树天齐堂中药饮片有限公司	天齐堂牌	栀子、吴茱萸
康美药业股份有限公司	康美牌	西洋参、三七粉
兰州佛慈制药股份有限公司	佛慈牌	当归、党参

续表

企业名称	品牌商标	品种名称
辽宁贵今生物医药有限公司	贵今牌	辽五味子
洛阳康鑫中药饮片有限公司	深森牌	山药
山东百味堂中药饮片有限公司	百味堂牌	丹参、柴胡
山东博康中药饮片有限公司	务本牌	山楂系列饮片
上海康桥中药饮片有限公司	康桥牌	红豆杉
上海上药华宇药业有限公司	沪光牌	丹参、西红花
四川辅正药业股份有限公司	纯粹牌	六神曲
四川佳能达攀西药业有限公司	好医生牌	附子系列饮片
四川江油中坝附子科技发展有限公司	中壩牌	附子系列饮片
四川利民中药饮片有限责任公司	山乡牌	黄连、厚朴
四川千方中药股份有限公司	千方牌	六神曲、香橼
四川仟源中药饮片有限公司	飞鸿牌	胆南星
	仟源牌	蟾酥粉
四川新荷花中药饮片股份有限公司	新荷花牌	半夏系列饮片、川贝母
桐君堂药业有限公司	药祖桐君牌	六神曲
浙江华宇药业股份有限公司	泽人牌	制黄精
浙江景岳堂药业有限公司	景岳全书牌	灵芝孢子粉、熟地黄
浙江中医药大学中药饮片有限公司	玉杵牌	白术
郑州瑞龙制药股份有限公司	瑞龙牌	半夏系列饮片、全蝎

表 1－5　2019 优质中药饮片品牌

品牌商标	品种名称	企业名称
沪光牌	丹　参	上海上药华宇药业有限公司
九信牌	枸杞子	九信中药有限公司
精标牌	人　参	盛实百草药业有限公司
中天泰科牌	当　归	甘肃中天药业有限责任公司
以岭牌	连　翘	石家庄以岭药业股份有限公司
佛慈牌	党　参	兰州佛慈制药股份有限公司
好人堂牌	川　芎	四川省中药饮片有限责任公司

表1－6 2019独特炮制中药饮片品牌榜

品牌商标	品种名称	企业名称
新荷花牌	制半夏	四川新荷花中药饮片股份有限公司
华邈牌	制草乌	北京华邈药业有限公司
食味草牌	酒黄精	北京市双桥燕京中药饮片厂

表1－7 2020—2022年中药饮片品牌企业榜

年份	企业名称
2020	北京市双桥燕京中药饮片厂
	广州采芝林药业有限公司
	九信中药集团有限公司
	山西振东道地药材开发有限公司
	上海上药华宇药业有限公司
	盛实百草药业有限公司
	四川新荷花中药饮片股份有限公司
	苏州市天灵中药饮片有限公司
	扬子江药业集团江苏龙凤堂中药有限公司
	浙江桐君堂中药饮片有限公司
2021	盛实百草药业有限公司
	九信中药集团有限公司
	四川新荷花中药饮片股份有限公司
	上海上药华宇药业有限公司
	广州采芝林药业有限公司
	浙江桐君堂中药饮片有限公司
	扬子江药业集团江苏龙凤堂中药有限公司
	山西振东道地药材开发有限公司
	北京市双桥燕京中药饮片厂
	苏州市天灵中药饮片有限公司
	上海康桥中药饮片有限公司
	吉林省北药中药制药集团有限公司
	抚松县中药有限责任公司
	河北美威药业股份有限公司

续表

年份	企业名称
	国药乐仁堂河北药业有限公司
	河北橘井药业有限公司
	重庆泰尔森制药有限公司
	安徽协和成药业饮片有限公司
	天津市中药饮片厂有限公司
	苏州红冠庄国药股份有限公司
2022	盛实百草药业有限公司
	九信中药集团有限公司
	四川新荷花中药饮片股份有限公司
	广州采芝林药业有限公司
	扬子江药业集团江苏龙凤堂中药有限公司
	山西振东道地药材开发有限公司
	北京市双桥燕京中药饮片厂
	苏州市天灵中药饮片有限公司
	上海康桥中药饮片有限公司
	吉林省北药中药制药集团有限公司
	抚松县中药有限责任公司
	河北美威药业股份有限公司
	国药乐仁堂河北药业有限公司
	河北橘井药业有限公司
	重庆泰尔森制药有限公司
	天津市中药饮片厂有限公司
	苏州红冠庄国药股份有限公司
	上海市药材有限公司
	广州至信药业股份有限公司
	国药集团北京华邈药业有限公司
	石家庄以岭药业股份有限公司
	浙江中医药大学中药饮片有限公司
	北京四方中药饮片有限公司
	建昌帮药业有限公司

续表

年份	企业名称
	四川省中药饮片有限责任公司
	吉林敖东世航药业股份有限公司
	江西江中中药饮片有限公司
	保和堂（亳州）制药有限公司
	江西景德中药股份有限公司

表1-8　2020—2022年中药饮片品牌榜

年份	品种名称	品牌商标	企业名称
2020	白芍	——	保和堂（亳州）制药有限公司
	川芎	——	四川省中药饮片有限责任公司
	淡豆豉	——	四川辅正药业股份有限公司
	当归	——	甘肃中天药业有限责任公司
	党参	——	兰州佛慈制药股份有限公司
	法薏仁	——	江西景德中药股份有限公司
	连翘	——	石家庄以岭药业股份有限公司
	山楂	——	山东博康中药饮片有限公司
	五味子	——	吉林省北药药材加工有限公司
	制川乌	——	国药集团北京华邈药业有限公司
2021	制草乌	华邈牌	国药集团北京华邈药业有限公司
	连翘	以岭牌	石家庄以岭药业股份有限公司
	川芎	好人堂牌	四川省中药饮片有限责任公司
	山楂	务本牌	山东博康中药饮片有限公司
	党参	佛慈红日牌	兰州佛慈制药股份有限公司
	当归	中天泰科牌	甘肃中天药业有限责任公司
	炒薏苡仁	景德年间牌	江西景德中药股份有限公司
	白芍	保和溯源牌	保和堂（亳州）制药有限公司
	淡豆豉	纯粹牌	四川辅正药业股份有限公司
	西红花	沪光牌	上海市药材有限公司
	太子参	瑞祥天人牌	福建天人药业股份有限公司
	浙贝母	玉柞牌	浙江中医药大学中药饮片有限公司

续表

年份	品种名称	品牌商标	企业名称
	黑顺片	中壩牌	四川江油中坝附子科技发展有限公司
	麸炒枳壳	汇中堂牌	江西江中中药饮片有限公司
	酒黄精	京四方牌	北京四方中药饮片有限公司
	胆南星	飞鸿牌	四川仟源中药饮片有限公司
	制半夏	至信牌	广州至信药业股份有限公司
	熟地黄	瑞龙牌	郑州瑞龙制药股份有限公司
	柴胡	百味堂牌	山东百味堂中药饮片有限公司
	红参	吉林敖东牌	吉林敖东世航药业股份有限公司
2022	山楂	务本牌	山东博康中药饮片有限公司
	西红花	沪光牌	上海市药材有限公司
	太子参	瑞祥天人牌	福建天人药业股份有限公司
	黑顺片	中壩牌	四川江油中坝附子科技发展有限公司
	胆南星	飞鸿牌	四川仟源中药饮片有限公司
	熟地黄	瑞龙牌	郑州瑞龙制药股份有限公司
	柴胡	百味堂牌	山东百味堂中药饮片有限公司
	淡豆豉	纯粹牌	四川辅正药业股份有限公司
	白芍	协和成牌	安徽协和成药业饮片有限公司
	人参	精标牌	盛实百草药业有限公司
	黄连	泰尔森牌	重庆泰尔森制药有限公司
	三七粉	天士力牌	云南天士力三七药业有限公司
	天麻	九信牌	九信中药集团有限公司
	薄荷	好人堂牌	四川省中药饮片有限责任公司
	五味子	吉林北药牌	吉林省北药中药制药集团有限公司
	人参	康美新开河牌	康美药业股份有限公司
	制何首乌	采芝林牌	广州采芝林药业有限公司
	法半夏	华邈牌	国药集团北京华邈药业有限公司
	酒萸肉	食味草牌	北京市双桥燕京中药饮片厂
	丹参	天士力牌	陕西天士力植物药业有限责任公司

三、政策利好促进中药饮片产业发展

近年来，国家层面大力支持中药饮片产业，为中药饮片产业的发展提供了政策支持和财力保障。

2015 年 5 月，《国务院办公厅关于城市公立医院综合改革试点的指导意见》明确指出："取消药品加成（中药饮片除外）；力争到 2017 年试点城市公立医院药占比（不含中药饮片）总体降到 30% 左右。"

2016 年 8 月，国家中医药管理局印发的《中医药发展"十三五"规划》明确提出："继续落实不取消中药饮片加成和控制药占比不含中药饮片等政策。"

2021 年 12 月，《国家医疗保障局　国家中医药管理局关于医保支持中医药传承创新发展的指导意见》明确提出："公立医疗机构从正规渠道采购中药饮片，严格按照实际购进价格顺加不超 25% 销售……按规定将符合条件的中药饮片、中成药、医疗机构中药制剂等纳入医保药品目录。"

2022 年 3 月，国务院办公厅印发的《"十四五"中医药发展规划》提出："制定实施全国中药饮片炮制规范，继续推进中药炮制技术传承基地建设，探索将具有独特炮制方法的中药饮片纳入中药品种保护范围……加强中药饮片源头监管，严厉打击生产销售假劣中药饮片、中成药等违法违规行为……医疗机构炮制使用的中药饮片、中药制剂实行自主定价，符合条件的按程序纳入基本医疗保险支付范围。改善市场竞争环境，引导形成以质量为导向的中药饮片市场价格机制。"

2023 年 2 月，国务院办公厅印发的《中医药振兴发展重大工程实施方案》提出："加强中医药科技创新体系建设，提升传承创新能力，加快推进中医药现代化……大力推进中药材规范种植，提升中药饮片和中成药质量。"

四、中药饮片产业国际化发展前景良好

随着健康观念和医学模式的转变，中医药在防治常见病、多发病、慢性病及重大疾病中的疗效和作用日益得到国际社会的认可，中医药国际化是大势所趋。特别是在"一带一路"建设的大背景下，中医药成为国家层面交流合作的重要领域。2021 年，国家中医药管理局、推进"一带一路"建设工作

领导小组办公室联合印发了《推进中医药高质量融入共建“一带一路”发展规划（2021—2025年）》。该文件明确了中医药参与共建“一带一路”的指导思想、主要原则和重点任务，为行业参与共建“一带一路”提供了指导。据统计，中药材及饮片出口额从2012年的0.11亿美元增长至2022年的14.02亿美元，增长127.5倍。2022年，中国医药产品出口额1 295.49亿美元，同比下降13.67%，但中药类产品出口额逆势增长，同比增长6.86%。下一步，随着“一带一路”建设的不断推进、中医药文化的不断输出，中药饮片出口前景良好。

·第二章·

中药饮片产业发展环境

第一节　国家宏观规划和中医药产业发展背景

一、国家战略方针、立法与宏观战略规划对中医药事业发展的保障支持

中医药文化是中华文明的瑰宝，可追溯到中华文明的发端。中国是最早使用草药并有系统理论的国家，是目前全球最大的中药生产国和使用国。中医药在东亚、东南亚等国家和地区有着深厚的文化基础，为全球华人社会所认同。中医"治未病"以及药食同源、中医药养生保健等理念深入人心。在药品、食品、茶饮、外用养生保健等方面，中药都有比较广泛的应用。

在国家战略方针方面，党和政府历来十分重视中医药事业的发展。1958年10月，毛泽东主席对原卫生部党组《关于组织西医离职学习中医班总结报告》做出批示："中国医药学是一个伟大的宝库，应当努力发掘，加以提高。"1978年9月，邓小平同志在中央56号文件中对《关于认真贯彻党的中医政策，解决中医队伍后继乏人问题的报告》做出批示："要为中医创造良好的发展与提高的物质条件。"习近平主席在2015年中国中医科学院成立60周年的贺信中说："中医药学是中国古代科学的瑰宝，也是打开中华文明宝库的钥匙。"1980年，原卫生部召开的全国中医和中西医结合工作会议提出中医、西医、中西医结合三支力量都要大力发展，长期并存。此会议将中医和西医放在同等高度，把中医单独作为一支力量进行发展，认为发展中医要依靠中医自身的力量，遵循中医自身的发展规律。这次会议对于我国中医药学事业在当代的发展具有深远影响和重大意义。2009年国务院发布的《国务院关于扶持和促进中医药事业发展的若干意见》指出："中医药临床疗效确切、预防保健作用独特、治疗方式灵活、费用比较低廉，特别是随着健康观念变化和医学模式转变，中医药越来越显示出独特优势。中医药作为中华民族的瑰宝，蕴含着丰富的哲学思想和人文精神，是我国文化软实力的重要体现。扶持和促进中医药事业发展，对于深化医药卫生体制改革、提高人民群众健康水平、弘扬中华文化、促进经济发展和社会和谐，都具有十分重要的意义。"2019年发布的《中共中央　国务院关于促进中医药传承创新发展的意见》明确指出："传承创新发展中医药是新时代中国特色社会主义事业的重要内容，是中华民

族伟大复兴的大事，对于坚持中西医并重、打造中医药和西医药相互补充协调发展的中国特色卫生健康发展模式，发挥中医药原创优势、推动我国生命科学实现创新突破，弘扬中华优秀传统文化、增强民族自信和文化自信，促进文明互鉴和民心相通、推动构建人类命运共同体具有重要意义。”这些批示和意见充分表达了党和政府对中医药事业的定位和重视程度。

在国家立法方面，1982 年，《中华人民共和国宪法》首次明确规定：“国家发展医疗卫生事业，发展现代医药和我国传统医药，鼓励和支持农村集体经济组织、国家企业事业组织和街道组织举办各种医疗卫生设施，开展群众性的卫生活动，保护人民健康。”宪法是我国的根本法，具有最大的权威性和最高的法律效力。把发展传统医药写入宪法，真正确立了传统医药的法律地位，为中医药的发展提供了根本的法律依据，在世界范围内也是独一无二的。2017 年施行的《中医药法》及其前身 2003 年颁布的《中华人民共和国中医药条例》是扶持与规范中医药发展的特别法，《中医药法》构建了符合中医药特点和规律的法律制度，对现行中医药相关法律中不适应中医药发展的制度做出了调整和修正，体现了“放管服”的行政体制改革总体要求，在中医药相关法律法规中具有最为优先适用的地位。《中医药法》第一次从法律层面明确了中医药的重要地位、发展方针和扶持措施，为中医药事业的发展提供了法律保证，是开展中医药工作的基本依据。

在国家宏观战略规划方面，国家“一五”“六五”“七五”“九五”至“十四五”计划均将发展中医药的内容列入其中（见附表 1－5）。1991 年，《中华人民共和国国民经济和社会发展十年规划和第八个五年计划纲要》将“中西医并重”列为卫生工作的基本方针之一。2001 年 9 月，《中医药事业“十五”计划》得以颁布。《国家中长期科学和技术发展规划纲要（2006—2020 年）》将“加强中医药继承和创新，推进中医药现代化和国际化。以中医药理论传承和发展为基础，通过技术创新与多学科融合，丰富和发展中医药理论，构建适合中医药特点的技术方法和标准规范体系，提高临床疗效，促进中医药产业的健康发展”作为发展思路。2016 年颁布的《“健康中国 2030”规划纲要》，作为推进健康中国建设的行动纲领，提出了一系列振兴中医药发展、服务健康中国建设的任务和举措。《中医药发展战略规划纲要（2016—2030 年）》明确指出：“中医药作为我国独特的卫生资源、潜力巨大的经济资源、具有原创优势的科技资源、优秀的文化资源和重要的生态资源，在经济社会发展中发挥着重要作用。”2022 年 3 月，国务院办公厅印发《“十四五”中医药发展规划》，这是中华人民共和国成立以来首个由国务院办公厅印发的中医药五年发展规划。《“十四五”中医药发展规划》全面对接新发展阶段、新发展理念和新发展格局，统筹医疗、科研、产业、教育、文化、国际合作等重点领域，全面发挥中医药多元价值，规划了中医药高质量发展的新思路和重点任务。

进入21世纪之后，中国经济焕发出勃勃生机，保持着强劲的增长势头，而且这种增长势头仍将长期保持，中国成为世界经济增长最快的国家。国民经济的平稳增长是中医药发展的经济基础与前提，但作为典型的消费类行业，刚性需求原则及弱周期性特点决定了中医药发展对宏观调控具有一定的防御性，因此，中医药行业受国内经济波动的影响相对较小。

在抗击2003年严重急性呼吸综合征（以下称为“非典”）、2019年新型冠状病毒感染疫情过程中，中医药的优势有目共睹，中医药正被越来越多的人所认可，其战略地位凸显。随着我国对中医药支持力度的不断加大，大健康理念深入人心，中医药行业迎来发展新机遇。2022年3月颁布的《“十四五”中医药发展规划》提出了中医药行业的总体发展目标：“到2025年，中医药健康服务能力明显增强，中医药高质量发展政策和体系进一步完善，中医药振兴发展取得积极成效，在健康中国建设中的独特优势得到充分发挥。”随着我国宏观经济的持续向好和人们健康意识的增强，人口老龄化、城镇化速度的加快，财富增长速度的加快，以及国家基本药物和基本医疗保险药物目录的推行，医疗支出将持续增加，中医药行业将会得到更好的发展。

二、医疗健康对于中医药和中药饮片的需求

（一）中国老龄化程度持续加深加大了对中医药的需求

中国发展研究基金会发布的《中国发展报告2020：中国人口老龄化的发展趋势和政策》显示：2025年“十四五”规划完成时，65岁及以上的老年人将超过2.1亿，约占总人口的15%；2035年和2050年时，中国65岁及以上的老年人将分别达到3.1亿和接近3.8亿，占总人口的比例则分别达到22.3%和27.9%。如果以60岁及以上作为划定老年人口的标准，中国的老年人口数量将会更多，到2050年时将有接近5亿老年人。按照联合国标准（65岁以上人口比率超过14%就被称为“老龄社会”），我国已经进入了“老龄社

会”。老年人是医疗卫生资源的主要消费对象。根据原卫生部的统计，60岁以上老年人的慢性病患病率是全部人口慢性病患病率的3.2倍，伤残率是全部人口伤残率的3.6倍，平均消耗卫生资源是全部人口平均消耗卫生资源的1.9倍。人口老龄化的加剧，意味着劳动力人口比重下降，我国人口红利逐渐消失，同时也意味着将会产生巨大的医疗健康需求。随着我国人口老龄化的加剧及人们对身体健康重视程度的不断提高，未来对医药产品，尤其是心脑血管、骨骼肌肉系统疾病类药品的消费需求会逐渐增加。

中医讲究未病先防、已病早治、既病防变、愈后防复，将“三分医，七分养，十分防”的理念，应用于老年人的养生保健，不仅可降低老年人的医疗费用，还可令老年人的晚年生活更加健康，并达到延年益寿的目的。老年人对中医药的认同感较其他人群高，这促进和带动了人们对于中医药卫生服务的需求。中医康养的优势突出体现在疾病治疗和预防养生方面，在重大传染性疾病、慢性病及养老服务养生领域，中医药具有重要作用。例如，慢性病具有病程长、多脏器损害等特点，中医药能够更好地发挥整体调节、综合干预的优势，更适合脏器功能减退、代谢能力较差的慢性病中老年人群。此外，中医针灸、推拿、拔罐、刮痧等，对长期从事重体力劳动的中老年人具有良好的疗效，部分人群可以自我治疗。研究表明，在中医理论指导下，中医的养生方法和药物确能延缓增龄引起的人体各系统的退行性变化，改善人体衰老征象，延长人的寿命，提高人的生命质量。展望未来，中医的养生方法和药物在迎接人口老龄化的挑战中将发挥越来越大的作用。

（二）社会医疗观念的变化促进了中医药需求的增长

社会医疗观念包括两个方面，一是对中医药的认同，二是对疾病的认知。虽然社会医疗观念属于文化认识的范畴，但它对中医药的卫生服务需求也具有不可忽视的影响。

随着社会竞争的加剧、人类生存环境和自然条件的变化，人类疾病谱发生了改变，慢性非传染性疾病成为影响人类健康的重要因素，人们的健康观念和医疗需求也发生了很大的变化。年轻人为适应社会生存和发展所产生的心理压力不断增大，导致很多人的身体处于亚健康状态。面对疾病谱的变化和环境污染，以及化学药品毒副作用、机体耐药性的影响，人们越来越重视饮食营养、食品安全、健身、养生等。随着人们消费水平的提升及保健意识的加强，加上中药加工技术的不断进步，人们对中药治疗的信任度加深。数据显示，在受访用户中，倾向于中医治疗者的比例达到49%，与倾向于西医治疗者的比例基本持平。同时，中医药积极走出去，走向国际。中医药已经传播到全球183个国家和地区，中国与40多个外国政府、地区主管机构和国际组织签订了专门的中医药合作协议。

特别是在新型冠状病毒感染疫情防控中，中医药立足于预防，发挥中医“治未病”的优势，增强重点人群免疫力，引导群众调整作息，开展食疗，学习五禽戏、八段锦等强身健体功法，在防范疫情扩散蔓延方面发挥了重要作用。中医药发挥中医的特殊作用，通过辨证施治，有效降低了轻症变成重症、重症变成危重症的发生率。中医药切实提高了病人的救治效果，在最大程度恢复新型冠状病毒肺炎（以下简称“新冠肺炎”）病人治愈后的日常生活及活动能力、提高其生活质量、减少并发症、缓解焦虑情绪等方面发挥了重要作用，进一步改变了民众的医疗观念。随着人们对于中医药的认可程度的提高，人们寄希望于中医药发挥自身特色优势，来解决人类面临的健康难题。

（三）卫生总费用、人均卫生总费用逐渐增加有利于中医药需求的增长

随着小康社会的全面到来和国民收入的逐年提高，人们的生活水平同步提高，健康意识逐步增强，人均医疗保健支出在消费支出中所占的比例也越来越大，从而使医药市场总体需求呈现上升趋势。同时，人口的增长、老龄化程度的加深及人均用药水平的提高等因素将继续对医药经济的发展起支撑作用。有关部门计算发现，城市人均医疗保健消费比农村人均医疗保健消费高出近2倍，而城市药品消费的比例更高，人口结构上的变化也有利于医药市场需求的增长。另外，随着我国人民生活水平的提高，恩格尔系数将不断降低，非食品消费比例将增加。目前，我国城市居民医疗保健消费支出所占的比重在逐年提高。预计随着农村生活水平的提高，农村医药市场需求将会不断增长。我国无论是卫生总费用还是人均卫生总费用，都低于发达国家和部分中低收入国家，而在未来，我国卫生总费用和人均卫生总费用将会继续提高。

在我国经济迅速发展的背景下，我国居民人均可支配收入呈现逐步增长趋势，人均可支配收入的增加为居民消费中医药产品奠定了坚实的经济基础；人们对高端中药产品的需求更高、接受度更强，为中医药企业创新研发品质

更优、更具特色的中药产品提供了动力，并将带动高端中医药市场的崛起，促进中医药市场的多元化发展。同时，居民人均医疗保健支出占人均支出的比重稳步上升，这说明我国居民的健康保健意识发生了积极转变。中药具有治疗和保健的作用，相对西药而言，中药作用较为温和，居民的接受程度较高。因此，随着居民在医疗保健领域的支付能力和意愿的不断加强，中医药市场的规模将持续扩大。

（四）医保药品目录纳入中药饮片助力中药饮片产业发展

医疗保险制度是国家对医疗卫生市场的宏观干预，是一种解决医疗卫生消费的制度，是利用社会医疗保险的渠道组织提供医疗卫生服务的制度。目前，我国的基本医疗保险有职工基本医疗保险、新型农村合作医疗保险和城镇居民基本医疗保险等，这些医疗保险制度不仅减轻了人们的医疗费用负担，而且在很大程度上对我国中医药市场需求起着重要的调节作用。随着国际上对中医药治疗的认同度的提高，一些国家逐步将中医药治疗纳入他们的医疗保险范围，这对中医药走向国际市场起着极大的推动作用。

《国家基本医疗保险药品目录（2000 年版）》收录中成药 575 种、民族药 47 种，以及中药饮片等。中药饮片部分实行排除法，凡列入目录内的均自费，包括 28 种和 1 个类别的单味或复方使用都自费的药品以及 101 种在单味使用情况下自费的药品。该方法一直持续到 2017 年。2019 年，《国家基本医疗保险、工伤保险和生育保险药品目录》首次调整中药饮片部分由排除法改为准入法，纳入的中药饮片有 892 种。这次调整使饮片保障范围更加明确、精准，使纳入支付范围的饮片都符合基本医保“保基本”的功能定位。此后的《国家基本医疗保险、工伤保险和生育保险药品目录》收录的中药饮片仍为 892 种，中药饮片部分均采用准入法。中药饮片的价格相对西药、中成药较低，中药饮片纳入《国家基本医疗保险、工伤保险和生育保险药品目录》的医保报销范围后，可以减轻病人的经济负担，增加病人对于中药饮片的购买意愿，促进病人对于中药饮片的消费需求，进而促进中药饮片市场的扩大、中药饮片生产企业的增加，并刺激中药材种植、加工及销售流通业的发展。

《国家基本医疗保险、工伤保险和生育保险药品目录（2022 年）》收录中成药 1 381 种，医保覆盖的中成药数目较 2000 年增加了 806 种，中药数占药品总数的比重约为 60%。纳入医保的中成药品种和数量的增加，也将刺激中药饮片产业的发展。

（五）中医药在抗击非典、新型冠状病毒感染疫情过程中的重大作用促进了中医药需求的增长

治疗疫病，中医药有着自己的优势。中医强调辨证施治，即根据疾病的不同发展阶段，确定相应的治疗方法。中华民族在数千年的繁衍与发展过程中，经历了大大小小无数次瘟疫，能够一次次转危为安，人口不断增加、文明得以传承，中医药功不可没。中医药在各类疫病的临床治疗中显示出了优势。在2003年抗击非典过程中，中医药就因其在提高治愈率、缩短治疗时间、降低病死率、减少后遗症等方面的显著成效，得到了世界卫生组织专家组的好评。在中医泰斗邓铁涛指导下的广州中医药大学第一附属医院更是创下了治疗非典的传奇战绩：中西医结合治疗的73例非典病人全部痊愈，病人0死亡，医护人员0感染，病人0后遗症；病人平均退热时间3.26天，平均住院时间10.14天。

2019年新型冠状病毒感染疫情发生以来，中医药发挥了重要作用。新冠肺炎属于中医“瘟疫”的范畴。根据病例特点，中医认为新冠肺炎为湿毒疫。其基本病机为疫毒侵袭，肺经受邪，正气亏虚；病理性质主要是湿、热、毒、虚、瘀；治疗核心为解热毒、化湿毒、祛瘀毒。中医药治疗新冠肺炎的着眼点是调整人体阴阳失衡的状态，激发和恢复人体免疫力以清除病毒，也就是扶正祛邪。疫情初期，中医药即深度介入新冠肺炎的防治工作，全国中医药系统的医护人员积极参与疫情防控与病人救治，介入的广度和力度史无前例。由中华人民共和国国家卫生健康委员会办公厅、国家中医药管理局办公室共同发布的《新型冠状病毒感染的肺炎诊疗方案（试行第三版）》收录了中医治疗部分，明确强调辨证论治，根据病人病情轻重及不同的表现，开出相应方剂。2020年2月14日中华人民共和国工业和信息化部（简称“工业和信息化部”）发布的“疫情防控重点保障物资（医疗应急）清单”包含了苍术、陈皮等25种中药饮片。在临床治疗中，筛选出的“三方三药”具有良好的疗效。治愈出院的病人大多数接受了中医药治疗。专家团队研究证实，与单纯使用中药和西药相比，中西医结合治疗能够较快地改善发热、咳嗽、乏力等症状，缩短住院天数，提高核酸转阴率，有效减少轻型和普通型向重型、重型向危重型发展的概率，提高治愈率，降低病亡率。国家中医药管理局原局长于文明同志指出，实践证明，中医药防治新冠肺炎是有效的，中医药在防治新发传染病方面是有优势的。2020年6月2日，习近平主席在主持召开专

家学者座谈会时明确指出，中西医结合、中西药并用，是这次疫情防控的一大特点，也是中医药传承精华、守正创新的生动实践。

2022 年 3 月 31 日，世界卫生组织发布的《世界卫生组织中医药救治新冠肺炎专家评估会报告》，明确肯定了中医药救治新冠肺炎的安全性、有效性，鼓励世界卫生组织成员国考虑中国中西医结合模式（整合医学模式）。该报告指出，研究结果表明，中药能有效治疗新冠肺炎，且根据临床疗效判定指标，中药对轻型和普通型病例尤其有效；中医药能有效降低轻型、普通型病例转为重症的风险；对于轻型与普通型病例，与单纯的常规治疗相比，中药作为附加干预措施，可缩短病毒清除时间、临床症状缓解时间和住院时间；在进行常规治疗的同时，使用中医药方法进行干预，不仅病人耐受性良好，而且其安全性与单纯的常规治疗相仿；尽早使用中医药可改善轻型和普通型新冠肺炎病人的临床预后情况。该报告建议，鼓励成员国在其卫生保健体系和监管框架中考虑将传统医药干预措施，如中医药，纳入新冠肺炎临床管理规划中。

中医药在防治新冠肺炎中的突出表现，改变了以往人们对中医的认知（只能治疗慢性病），普及了中医药知识，加深了社会对中医药的理解和认识，促进了人们对中药的消费和使用。随着人们对中医药认识水平的提升，中医在慢性病治疗、康复、健康管理等领域将有更好的发展前景；人们对产品质量、溯源性会有更高的要求，加之行业标准将进一步提高，长期来看，会更有利于优质、规范的中药生产企业的发展。

第二节　中药饮片相关重点法律法规及政策分析

一、促进中药饮片产业发展的重要法律法规及政策

（一）《中医药法》

中医药传统知识是中华民族在几千年的发展历史中创造并在实践中不断运用、完善的宝贵财富，不仅能用来治病救人、强身健体，而且具有丰富的历史文化价值和经济价值。我们需要采取措施对其进行保护。2017 年 7 月 1 日实施的《中医药法》对药用野生动植物资源保护、道地中药材保护、中药

饮片炮制保护、中医药传统知识保护等做出了规定。《中医药法》是我国第一部全面、系统体现中医药特点和规律的基本性法律，也是中医药领域的基础性、全局性和综合性法律。

《中医药法》是对中国特色社会主义法律体系的重要补充完善，是中国特色社会主义医药卫生制度的重要组成部分，突出了用中国式办法解决传统医药发展问题的制度框架，彰显了鲜明的中国特色、中国风格、中国气派，体现了高度的文化自信和制度自信，反映了社会主义制度的优越性和独特性。

《中医药法》将保护、扶持和促进中医药发展的方针政策和理念上升为国家意志；明确了人民政府保障、扶持和推进中医药事业发展的责任；将中医药的医疗、保健、教育、科研、产业、文化及对外交流合作等全部纳入法律框架；强调遵循中医药发展的内在规律，坚持继承和创新相结合；注重制度创新（中医诊所、师承学习、道地中药材、临方炮制、经典名方、传统中药制剂、中医药传统知识保护）；坚持扶持与规范并重。

《中医药法》提出："国家保护中药饮片传统炮制技术和工艺，支持应用传统工艺炮制中药饮片，鼓励运用现代科学技术开展中药饮片炮制技术研究。"

中药饮片作为直接应用于中医临床或制剂生产的药品，必然存在着治病救人的物质属性和商品的流通属性，但由于时代发生变化且受诸多因素的影响，其商品属性越来越重，导致近年来中药饮片的品质存在较大的变化与一定的问题。同时，我们必须清楚地认识到，中药是中医药文化遗产的瑰宝，是中医药事业的物质基础，对中药的保护已刻不容缓。中药的保护与发展要坚持保护和合理利用中药资源、满足人民医疗健康事业的需要的重要原则。

（二）《中华人民共和国基本医疗卫生与健康促进法》

2019 年 12 月 28 日，《中华人民共和国基本医疗卫生与健康促进法》由第十三届全国人民代表大会常务委员会第十五次会议审议通过，同日，由习近平主席签署的中华人民共和国主席令（第三十八号）公布，自 2020 年 6 月 1 日起施行，是我国卫生健康领域的第一部基础性、综合性法律。此法涉及中医药的条文有以下几条。

第九条　国家大力发展中医药事业，坚持中西医并重、传承与创新相结合，发挥中医药在医疗卫生与健康事业中的独特作用。

第十六条　国家采取措施，保障公民享有安全有效的基本公共卫生服务，控制影响健康的危险因素，提高疾病的预防控制水平。

国家基本公共卫生服务项目由国务院卫生健康主管部门会同国务院财政部门、中医药主管部门等共同确定。

省、自治区、直辖市人民政府可以在国家基本公共卫生服务项目基础上，补充确定本行政区域的基本公共卫生服务项目，并报国务院卫生健康主管部门备案。

第八十五条　基本医疗保险基金支付范围由国务院医疗保障主管部门组织制定，并应当听取国务院卫生健康主管部门、中医药主管部门、药品监督管理部门、财政部门等的意见。

省、自治区、直辖市人民政府可以按照国家有关规定，补充确定本行政区域基本医疗保险基金支付的具体项目和标准，并报国务院医疗保障主管部门备案。

国务院医疗保障主管部门应当对纳入支付范围的基本医疗保险药品目录、诊疗项目、医疗服务设施标准等组织开展循证医学和经济性评价，并应当听取国务院卫生健康主管部门、中医药主管部门、药品监督管理部门、财政部门等有关方面的意见。评价结果应当作为调整基本医疗保险基金支付范围的依据。

中医疗法具有“简、便、验、廉”的特点，治疗效果和费用的优势非常明显，尤其在治疗常见病、慢性病与多发病方面，中医疗法具有安全、有效、经济、副作用小等显著特点。从长远角度来看，中医药具有“低投入，广覆盖，高效益”的优势，能够有效节省社会保障基金；而从病人认可度的角度来看，中药饮片可根据不同的证候随证加减组成汤药方剂，对于病人的治疗更有针对性。

2020 年 7 月，国家医疗保障局发布了《基本医疗保险用药管理暂行办法》，文件明确规定了纳入《国家基本医疗保险、工伤保险和生育保险药品目录》的饮片应当是按国家标准炮制的饮片，并符合临床必需、安全有效、价格合理等基本条件；采用专家评审方式对饮片进行调整。2020 年 9 月，《国家医疗保障局办公室关于印发医保药品中药饮片和医疗机构制剂统一编码规则和方法的通知》要求加快推进统一的医保信息业务编码标准，形成全国“通用语言”。

可以预见，随着医保控费进入深水区，医保支付方式将不断优化，控费将逐步精细化，中药饮片的合理用药和医保支付政策也将面临调整优化，这些行业关键政策的变化都将对中药饮片产业的发展产生持续而深远的影响。

（三）《中华人民共和国传染病防治法》

《中华人民共和国传染病防治法》是为了预防、控制和消除传染病的发生与流行，保障人体健康和公共卫生而制定的国家法律法规，1989 年 2 月 21 日，由中华人民共和国第七届全国人民代表大会常务委员会第六次会议审议通过，同日，由中华人民共和国主席令（第十五号）公布，自 1989 年 9 月 1 日起施行。2004 年 8 月 28 日，第十届全国人民代表大会常务委员会第十一次会议对该法进行了修订。2013 年 6 月 29 日，第十二届全国人民代表大会常务委员会第三次会议修正了该法。

该法第八条规定：国家发展现代医学和中医药等传统医学，支持和鼓励开展传染病防治的科学研究，提高传染病防治的科学技术水平。

该法确立了中医药与现代医药同等重要的地位，有利于发挥中医药在重大传染病防治中的重要作用。

（四）《中共中央 国务院关于促进中医药传承创新发展的意见》

2019 年 10 月，习近平主席在全国中医药大会上强调：要遵循中医药发展规律，传承精华，守正创新，加快推进中医药现代化、产业化，坚持中西医并重，推动中医药和西医药相互补充、协调发展，推动中医药事业和产业高质量发展，推动中医药走向世界，充分发挥中医药防病治病的独特优势和作用。2019 年 10 月，中共中央、国务院下发《中共中央 国务院关于促进中医药传承创新发展的意见》（以下简称《意见》）。《意见》是今后一段时期内我国中医药发展的纲领性文件，明确了中医药传承创新发展的目标方向和具体举措，彰显了中共中央、国务院对中医药事业与中医药文化的高度重视。《意见》从健全中医药服务体系、发挥中医药在维护和促进人民健康中的独特作用、大力推动中药质量提升和产业高质量发展、加强中医药人才队伍建设、促进中医药传承与开放创新发展、改革完善中医药管理体制机制等 6 个方面提出了 20 条意见。

《意见》提出要促进中药饮片和中成药质量提升，健全中药饮片标准体系，制定实施全国中药饮片炮制规范，促进中药饮片优质优价；同时要求用 5 年左右时间，逐步实现中药重点品种来源可查、去向可追、责任可究。

为进一步落实《意见》和全国中医药大会的部署，我们要遵循中医药发展规律，认真总结中医药防治新冠肺炎的经验做法，解决中医药应用过程中存在的问题，更好地发挥中医药的特色和优势，推动中医药和西医药相互补充、协调发展。

（五）《外商投资产业指导目录》

2002 年，《外商投资产业指导目录（2002 年修订）》明确规定，禁止外商投资“传统中药饮片炮制技术的应用及中成药秘方产品的生产”，并且禁止出口“中药饮片传统炮制工艺技术”。2021 年 12 月，国家发展改革委、商务部印发《外商投资准入特别管理措施（负面清单）（2021 年版）》，该文件从 2022 年 1 月 1 日起施行，将“禁止投资中药饮片的蒸、炒、炙、煅等炮制技术的应用及中成药保密处方产品的生产”列入特别管理措施。同时，《自由贸易试验区外商投资准入特别管理措施（负面清单）（2020 年版）》取消了禁止外商投资中药饮片的规定。

2006 年，原国家食品药品监督管理局下发《关于外商投资中药饮片生产企业生产范围有关问题的通知》。该通知要求：“为使外商投资方向与我国国民经济和社会发展规划相适应，各省（区、市）食品药品监督管理部门要严格执行国家产业政策，严把外商投资企业准入关。对已经批准的外商投资企业，省级食品药品监督管理部门在对中药饮片生产企业换发《药品生产许可证》时明确标注‘净、切制’，限制其生产范围。”但值得注意的是，全球最大的汉方药制药企业日本津村公司自 2005 年起，就开始涉足国内中药饮片的生产经营。该公司曾与深圳市和顺堂医药有限公司、中国平安人寿保险股份有限公司（以下简称“中国平安”）、上海市药材有限公司合资开展中药饮片销售、中药研究等，其与中国平安合资的公司为平安津村控股的中药饮片生产经营的行业龙头企业——天津盛实百草中药科技股份有限公司；2022 年 8 月平安津村有限公司与健民集团旗下的叶开泰国药（随州）有限公司拟合作建立津村健民制药有限公司，这可能会导致一批儿童中成药配方被日本津村公司掌握，这一系列资本操作有可能涉及外资企业以股权控制的方法，绕开外商禁止投资范围的规定，涉足中药传统炮制技术的情况。

（六）《国务院办公厅关于城市公立医院综合改革试点的指导意见》

2015 年 5 月，国务院办公厅下发《国务院办公厅关于城市公立医院综合改革试点的指导意见》。该意见明确指出，破除以药补医机制，试点城市所有公立医院推进医药分开，积极探索多种有效方式改革以药补医机制，取消药品加成（中药饮片除外）；力争到 2017 年试点城市公立医院药占比（不含中药饮片）总体降到 30% 左右。

（七）《关于在深化医药卫生体制改革工作中进一步发挥中医药作用的意见》

2011 年，原卫生部与国家中医药管理局联合发布《关于在深化医药卫生体制改革工作中进一步发挥中医药作用的意见》。该意见指出："各省级卫生行政部门要切实贯彻落实卫生部、国家中医药管理局等 5 部门印发的《关于巩固和发展新型农村合作医疗制度的意见》（卫农卫发〔2009〕68 号）有关提高中医药报销比例的要求，结合当地实际适当提高在新型农村合作医疗政策范围内属于国家基本药物和地方增补药品的中药有关费用的报销比例；将针灸和治疗性推拿等中医非药物诊疗技术纳入新农合报销范围，引导应用中医药适宜技术；在制定省级新农合报销目录时，应当适当考虑将符合条件的医疗机构中药制剂纳入目录。"《关于在深化医药卫生体制改革工作中进一步发挥中医药作用的意见》为中药饮片、中成药、中药制剂在基层医疗机构的销售和临床使用提供了便利条件。

二、中药饮片质量安全监管方面的重要法律法规及政策

近 20 年来，国家出台了一系列法律法规及政策支持和引导我国中药饮片产业发展（见附表 1－6），中药饮片产业规模不断壮大，市场日趋规范。

（一）《中华人民共和国药品管理法》

《中华人民共和国药品管理法》（以下简称《药品管理法》）于 1984 年制定，2001 年首次全面修订。2019 年 8 月 26 日，新修订的《药品管理法》经第十三届全国人民代表大会常务委员会第十二次会议表决通过，于 2019 年 12

月1日起施行。此次修订是《药品管理法》颁布以来的第二次系统性、结构性的重大修改。新修订的《药品管理法》将药品领域的改革成果和行之有效的做法上升为法律，为公众健康提供了更有力的法律保障。

新修订的《药品管理法》对中药饮片生产质量管理及法律责任做出了新规定；围绕鼓励创新、全生命周期管理的要求，做出多项重大制度创新；强调加强事中、事后监管，重典治乱，严惩重处违法行为；强调企业应执行国家政策法规，不断改进，提高生产质量。

新修订的《药品管理法》大幅度加大了对生产、经营假劣药等违法行为的处罚力度，对于各种药品生产、经营违规行为的威慑进一步加强。与此同时，新修订的《药品管理法》对于各类药品监管策略和标准依据也提出了更加科学、严谨的要求。

（二）《中华人民共和国药品管理法实施条例》

《中华人民共和国药品管理法实施条例》（以下简称《药品管理法实施条例》）是根据《药品管理法》制定的。该条例于2002年8月4日由中华人民共和国国务院令第360号公布，自2002年9月15日起施行。根据2016年2月6日《国务院关于修改部分行政法规的决定》，该条例进行了第一次修订；根据2019年3月2日《国务院关于修改部分行政法规的决定》，该条例进行了第二次修订。新修订的《药品管理法实施条例》全文包括总则、药品生产企业管理、药品经营企业管理、医疗机构的药剂管理、药品管理、药品包装的管理等共10章80条。

第四十四条　生产中药饮片，应当选用与药品性质相适应的包装材料和容器；包装不符合规定的中药饮片，不得销售。中药饮片包装必须印有或者贴有标签。

中药饮片的标签必须注明品名、规格、产地、生产企业、产品批号、生产日期，实施批准文号管理的中药饮片还必须注明药品批准文号。

第六十六条　生产没有国家药品标准的中药饮片，不符合省、自治区、直辖市人民政府药品监督管理部门制定的炮制规范的；医疗机构不按照省、自治区、直辖市人民政府药品监督管理部门批准的标准配制制剂的，依照《药品管理法》第七十五条的规定给予处罚。

（三）《药品生产质量管理规范》

1988 年，原卫生部颁发《药品生产质量管理规范》，我国的药品生产开始实施 GMP 管理。1988 年后，国家高度重视药品 GMP 管理。随着国家药品监管机构的改革，《药品生产质量管理规范》经过了多次修订。为规范中药饮片的管理，确保人民群众用药安全有效，原国家食品药品监督管理局于 2003 年发布《关于印发中药饮片、医用氧 GMP 补充规定的通知》。2004 年，原国家食品药品监督管理局又下发了《关于推进中药饮片等类别药品监督实施 GMP 工作的通知》，该文件要求："自 2008 年 1 月 1 日起，所有中药饮片生产企业必须在符合 GMP 的条件下生产。"

2014 年，原国家食品药品监督管理总局发布《药品生产质量管理规范（2010 年修订）》附录——中药饮片，该附录作为《药品生产质量管理规范》2010 年修订版的配套文件，自 2014 年 7 月 1 日起施行。

该附录适用于中药饮片生产管理和质量控制的全过程，对从事中药饮片生产管理的人员、厂房与设施、设备、物料和产品、确认与验证、文件管理、生产管理、质量管理等均做了详细的规定。该附录强调：中药饮片的质量与中药材质量、炮制工艺密切相关，应当对中药材的质量、炮制工艺严格控制；在炮制、贮存和运输过程中，应当采取措施控制污染，防止变质，避免交叉污染、混淆、差错；生产直接口服中药饮片的，应对生产环境及产品微生物进行控制。中药饮片必须按照国家药品标准炮制；国家药品标准没有规定的，必须按照省、自治区、直辖市食品药品监督管理部门制定的炮制规范或审批的标准炮制。中药饮片应按照品种工艺规程生产。中药饮片生产条件应与生产许可范围相适应，不得外购中药饮片的中间产品或成品进行分包装或改换包装标签。中药饮片是按照中医药理论指导、应用中药炮制方法，对中药材进行加工后，可以直接用于中医临床使用和制剂的中药。中药饮片是中医治疗疾病的有力武器，中药饮片质量的优劣，决定了中药的临床疗效，中药饮片也是中成药生产的原料药，因此，中药饮片产业是中药行业的基础和关键，中药饮片质量的优劣将决定中医药的生存和发展。

近年来，我国逐步加强药品监督力度，采取飞行检查常态化、高频次抽检及严格执行 GMP 等措施对药品生产企业及其产品进行严格监管，并吊销一批问题严重企业的 GMP 证书。2014 年，我国收回中药饮片企业的 GMP 证书达 20 个，2015 年为 82 个，2016 年为 76 个，2017 年为 78 个，2018 年为 96

个（占当年收回 GMP 证书总量的 42.9%），2019 年为 60 个（占当年收回 GMP 证书总量的 52.6%）。

随着 2010 年修订版 GMP 的实施和国家飞行检查力度的加大，行业壁垒大大提升，中药饮片生产企业的生产设施、检验设施、仓储设施和人员水平有明显提高，中药饮片行业“前店后厂”“散、小、差、乱”的发展模式基本得到改变。GMP 的实施有力打击了中药掺假、制假、染色、增重等恶劣行为，促进了我国中药饮片行业的跨越式发展。

近十年来，中药饮片抽检合格率不断提高，但质量风险仍不容忽视。GMP 是药品生产的基本要求，从 GMP 认证到取消认证，到现在的常规和非常规检查，都是在严格执行 GMP；追溯体系建设、延伸检查等，都是监管部门质量管理的常规行动。

（四）《药品经营质量管理规范》

《药品经营质量管理规范》（GSP）于 2000 年 4 月 30 日由原国家药品监督管理局局令第 20 号发布，2012 年 11 月 6 日原卫生部部务会议第一次修订了该规范，2015 年 5 月 18 日原国家食品药品监督管理总局局务会议第二次修订了该规范，2016 年 6 月 30 日原国家食品药品监督管理总局局务会议通过了《国家食品药品监督管理总局关于修改〈药品经营质量管理规范〉的决定》。

该规范对于中药饮片经营人员资质、中药饮片经营场所、设施设备、采购、验收、陈列、储存与养护、销售等均有符合中药饮片特点的相关规定。与该规范相匹配的《药品经营质量管理规范实施细则》目前执行 2000 年版，新版还未完成修订和发布。

（五）《医院中药饮片管理规范》

2007 年 3 月 12 日国家中医药管理局和原卫生部发布了《医院中药饮片管理规范》，该规范用于各级各类医院中药饮片的采购、验收、保存、调剂、临方炮制、煎煮等管理。该规范已颁布超过 15 年，部分条款与现在中药饮片生产、销售、临方炮制、煎煮等情况已不相适应，相关部门应及时予以修订。

（六）《药品注册管理办法》

《药品管理法》（2019 年 8 月修订）第二十四条规定：在中国境内上市的药品，应当经国务院药品监督管理部门批准，取得药品注册证书；但是，未实施审批管理的中药材和中药饮片除外。实施审批管理的中药材、中药饮片品种目录由国务院药品监督管理部门会同国务院中医药主管部门制定。

《药品注册管理办法》于2020年1月22日由国家市场监督管理总局令第27号公布，自2020年7月1日起施行。该办法中并未提及需要进行审批管理的中药材、中药饮片，而原国家食品药品监督管理局于2005年3月就印发了《国家对中药饮片实行批准文号管理的相关办法》（征求意见稿），之后又发布了《关于发布实施批准文号管理的中药饮片品种目录（第一批）的公告》（征求意见稿），但因种种原因该文件至今未能落实实施。2023年1月3日，国家药品监督管理局印发的《关于进一步加强中药科学监管促进中药传承创新发展的若干措施》明确提出加强中药饮片审批管理，并会同国家中医药管理局制定《实施审批管理的中药饮片目录》及配套文件，依法对符合规定情形的中药饮片实施审批管理。

（七）《国务院办公厅关于改革完善医疗卫生行业综合监管制度的指导意见》

《国务院办公厅关于改革完善医疗卫生行业综合监管制度的指导意见》（国办发〔2018〕63号）提出，认真落实党中央、国务院关于深化医药卫生体制改革的决策部署，深化转职能、转方式、转作风，提高效率效能，转变监管理念、体制和方式，从重点监管公立医疗卫生机构转向全行业监管，从注重事前审批转向注重事中事后全流程监管，从单项监管转向综合协同监管，从主要运用行政手段转向统筹运用行政、法律、经济和信息等多种手段，提高监管能力和水平，为实施健康中国战略、全方位全周期保障人民健康提供有力支撑。

为加强中药饮片行业的监管，提高中药饮片的质量，国家药品监管部门多次采取行动，强化中药饮片生产、流通及使用环节的日常监管工作，加大中药饮片抽检和检查力度，强化中药饮片生产、经营企业和医疗机构药房中药饮片质量的监管，强化医疗机构使用中药饮片的监督。

（八）《中药饮片质量集中整治工作方案》

2018年，国家药品监督管理局印发《中药饮片质量集中整治工作方案》，在全国范围内开展中药饮片质量专项整治行动，检查生产企业320家次、经营企业2.9万家次，收回GMP证书28张，撤销GSP证书98张，立项439起，专项整治效果显著。这也反映出常规监管模式已经难以满足中药饮片质量监管的现实需求。基于专项整治行动的显著效果，国家药品监督管理局于2020年2月印发了新一轮《中药饮片专项整治工作方案》，开始了为期一年半的中药饮片专项整治工作。目前，我国湖北、山东、甘肃、黑龙江、福建、海南、江苏、北京等多个地区已开展中药饮片的专项整治行动。中药饮片专项整治的间隔周期越来越短，持续周期越来越长，专项工作日益常态化。

（九）《国家药监局关于省级中药饮片炮制规范备案程序及要求的通知》

2020年，国家药品监督管理局印发《国家药监局关于省级中药饮片炮制规范备案程序及要求的通知》。该通知要求：

（1）各省（区、市）药品监督管理局应当在发布相关规范前，依据国家法律、法规和相关管理规定、指导原则等，组织对制定的省级中药饮片炮制规范开展合规性审查；

（2）省级药品监督管理部门自发布省级中药饮片炮制规范之日起30日内向国家药品监督管理局正式提交备案材料；

（3）省级中药饮片炮制规范不符合形式审查要求的，国家药品监督管理局不予备案，并及时将有关问题反馈相关省级药品监督管理部门，省级药品监督管理部门修改相关内容后重新备案。

这意味着，在国家统一审核、备案机制下，省级中药饮片炮制规范将得到进一步规范。

（十）其他

2003年，原国家食品药品监督管理局印发《关于加强中药饮片包装监督管理的通知》，2004年又印发《关于推进中药饮片等类别药品监督实施GMP工作的通知》；2011年，原国家食品药品监督管理局、原卫生部、国家中医药管理局联合印发《关于加强中药饮片监督管理的通知》；2015年，原国家食品药品监督管理总局印发《食品药品监管总局关于进一步加强中药饮片生产经营监管的通知》等。这些文件都在中药饮片生产、经营、销售、流通各环节起到了积极的作用。

三、探索适应于中药饮片发展规律的法规及政策

中药饮片是中医药特色优势的集中体现，近年来，中药饮片行业获得了多项行业关键政策的支持，如中药饮片纳入医保报销范围、不计入公立医院药占比、保留医院中药饮片的药品加成等。《中共中央　国务院关于促进中医药传承创新发展的意见》第六部分“改革完善中医药管理体制机制”指出：研究取消中药饮片加成相关工作。我们可以预见未来中药饮片产业可能面临扶持政策逐步退出的问题，这对于中药饮片产业可能会有一定的不利影响。

中药饮片产业多年持续的快速增长（中药饮片行业主营业务收入从1996年的4.7亿元增加到2017年的2 165亿元，增长了460倍），急剧扩大的产业规模，使监管部门在监管能力方面面临着巨大的挑战。随着药典标准的逐步提升，中药饮片的检验项目逐步增加，对于检验人员的要求也在逐步提高。然而每年中药专业人才的培养数量有限，尤其是基层监管队伍，在专业性、监管人员数量、执法装备与技术手段方面均难以与监管需要相匹配，难以满足中药饮片监管的现实需求。中药检验、监管能力与产业实际发展之间的落差日益显著，需要社会第三方检测机构等检测力量的补充，以及对基层监管人员进行继续教育和培养。

中药饮片产业是中医药产业的重要组成部分，是产业链中承上启下的关键一环，中药饮片行业的健康发展对保障中药饮片质量和中医临床安全用药乃至中药整体质量提升具有重要意义。要坚持以中医药理论为指导，依靠专业人才，加大资金投入，坚持保护与发展并行，引导中药饮片产业升级，做大、做强中药饮片产业，拓宽中药饮片发展的新出路。这样不仅有利于促进中医药事业持续、稳定、健康地发展，更有利于保持我国中医药的特色和优势，对提高中医药的国际影响力具有重要意义。

在医药行业“提质增效”、迈向高质量发展的新时期，如何推动中药产业实现高质量发展，是中药行业面临的重大课题之一。2019年，工业和信息化部消费品工业司委托中国中药协会实施“新时期中药产业高质量发展政策研究”课题。中国中药协会作为唯一一家代表中药工业企业的全国性行业组织，组织业内专家，结合工业和信息化部消费品工业司有关医药工业管理职能，深入剖析中药材、中药饮片和中成药产业，认真研讨相关问题，编写了《新

时期中药产业高质量发展政策研究》。其中，中药饮片部分分篇梳理了中药饮片产业高质量发展背景与现状、面临的问题，从中药炮制工艺的传承创新、饮片整体性与专属性质量控制标准及溯源方面，提出了应对相关问题的对策与措施。

·第三章·

中药饮片质量控制标准

第一节 中药饮片标准体系

药品标准是药品研发、生产、经营、使用、检验、监督管理等各个环节必须共同遵守的强制性技术准则和法定依据。《药品管理法》（2019 年修订）第二十八条规定："国务院药品监督管理部门颁布的《中华人民共和国药典》和药品标准为国家药品标准。国务院药品监督管理部门会同国务院卫生健康主管部门组织药典委员会，负责国家药品标准的制定和修订。"

2012 年国家中医药管理局印发的《中医药标准化中长期发展规划纲要(2011—2020 年)》提出："到 2020 年，基本建立适应事业发展需要、结构比较合理的中医药标准体系，中医药标准化支撑体系进一步完善，基本满足中医药标准化工作的需求，中医药标准应用推广和监测评价体系初步建立，中医药标准化人才队伍建设明显加强，中医药标准化管理体制和运行机制更加完善，我国实质性参与中医药国际标准化活动的能力显著提升。"对于中药饮片相关标准，该规划纲要提出"开展中药饮片、方剂编码规则研究，制定中药饮片、方剂与物流领域编码标准""加强中医临床用药标准制定，制定中药处方、中药调剂、处方给付、中药饮片煎煮等规范，制定中成药临床使用再评价规范"。

药品标准是药品生产、经营、使用及监督管理的依据，也是检验和判定药品质量的依据。任何药品生产者、经营者和使用者均须严格遵循药品标准的规定，这是一条不能逾越的红线。中药饮片标准对饮片行业的发展影响深远。中药饮片相关标准主要包括《中国药典》一部、《中华人民共和国卫生部药品标准》（以下简称《部颁药品标准》）中药材第一册和《国家中药饮片炮制规范》以及各省、自治区、直辖市人民政府药品监督管理部门制定的炮制规范和饮片标准。值得注意的是，原卫生部药政管理局组织编撰的 1988 年版《全国中药炮制规范》（以下简称《全国炮规》）也被部分企业作为饮片质量标准使用。

一、国家标准

中药饮片国家标准是指国家为保证中药饮片质量所制定的质量指标、检验方法以及生产工艺等的技术要求。中药饮片相关国家标准主要有《中国药典》《部颁药品标准》和《国家中药饮片炮制规范》。

《中国药典》《部颁药品标准》与《国家中药饮片炮制规范》都是饮片的国家法定标准，均属饮片质量控制体系中的重要内容，在饮片质量控制方面相辅相成、相互促进。《中国药典》是在中国境内生产、销售和使用药品必须执行的标准，《中国药典》的饮片质量标准侧重于对饮片的检查项目、指标、范围做出规定；《国家中药饮片炮制规范》则侧重于对饮片的炮制工艺进行规范和统一，体现在对饮片炮制加工过程的控制；《部颁药品标准》是对《中国药典》中未收载的中药品种或内容的补充，同属国家标准，也是全国各有关单位必须遵照执行的法定药品标准。

（一）《中国药典》

《中国药典》是国家药品标准，是国家对药品的质量标准和检定方法所做的技术规定，是药品生产、供应、使用及管理等部门共同遵循的法定依据，是医学界、药学界及至全国人民用药的“法典”。

1949 年至今，为了不断适应行业的发展，《中国药典》先后共出版了 11 版。1953 年，首部《中国药典》诞生，1963 年、1977 年、1985 年，《中国药典》先后修订了 3 次，从 1985 年起，每 5 年定期出版 1 次。

1963 年版《中国药典》列出了“炮炙”项，自此，历版《中国药典》都列出了炮制方法。自 2010 年饮片单列以来，《中国药典》收载的饮片品种和规格数量不断增加，饮片标准体系不断完善，反映中药炮制特色的专属性检测方法时有新增，中药饮片安全性控制要求持续提高。

1. 增收中药饮片品种和规格

各版《中国药典》收载的药材及饮片数量均不相同，1953 年版《中国药典》仅收载药材及饮片 20 余种，1963 年版《中国药典》系统收载中药材 446 种，饮片规格 678 个。2020 年 6 月，2020 年版《中国药典》正式发布，一部共收载中药材 616 种，饮片规格 817 个。历版《中国药典》收载的药材及饮片情况见附表 1 –7。

2. 确立中药饮片法定地位

2010 年版《中国药典》一部明确规定中药饮片是中医临床处方药，历史性地确立了饮片的法定地位。“前言”明确指出中医用药“入药者均为饮片”，中药材不可直接入药，用于中医处方调配和中成药生产投料的均应为中药饮片。“凡例”将饮片定义为“饮片系指药材经过炮制后可直接用于中医临床或制剂生产使用的处方药品”，并确定中药的性味归经、功能主治、用法用量是中药饮片的属性。2020 年版《中国药典》“凡例”将饮片的定义修改为“饮片系指药材经过炮制后可直接用于中医临床或制剂生产使用的药品”。

3. 完善中药饮片标准体系

1963 年版《中国药典》首次列出了“炮炙”项，但没有饮片的质量标准内容。1953 年版、1963 年版及 1977 年版《中国药典》均未收载中药饮片的质量标准。

1985 年版《中国药典》有 6 个饮片品种单独制定了质量标准；1990 年版《中国药典》的饮片标准变更较少，仅涉及 11 个品种；1995 年版《中国药典》对 27 个品种的饮片标准进行了完善；2005 年版《中国药典》及以前的版本只有“炮制”项及性状描述，均未明确标明“饮片”，大部分中药品种没有饮片的鉴别、检查、浸出物、含量测定等项目；2010 年版《中国药典》明确提出了“饮片”的概念，首次在正文中划分出“饮片”项，明显增加了饮片质量标准的数量，质量标准收载项目增加了鉴别、检查、浸出物、含量测定等，收载了饮片含量测定项 417 个；2020 年版《中国药典》完善了饮片质量标准体系，经过对性状、鉴别、检查等项目的系统研究，全面制定了易霉变饮片真菌毒素限量标准。

纵观历版《中国药典》对饮片质量标准的修订，我们发现中药饮片质量控制指标不断增加，2020 年版《中国药典》形成了包括来源、炮制、性状、鉴别（经验鉴别、显微鉴别和理化鉴别）、检查（水分、总灰分、酸不溶性灰分等）、浸出物、特征图谱或指纹图谱、含量测定等项目的中药饮片质量标准体系，该体系已相当完备。

4. 提高中药饮片的专属性和有效性检测水平

2020 年版《中国药典》对接国际标准，紧跟国际前沿，不断扩大先进成熟分析技术在药品质量控制中的应用，进一步提高了检测方法的灵敏度、专属性、适用性和可靠性，对加强药品质量控制、保障药品质量、提升药品监管能力发挥了重要作用。2020 年版《中国药典》继续补充和完善植物类药材的显微鉴别和薄层色谱鉴别方法，加强了分子生物学检测技术在药品质量控制中的应用，新增了聚合酶链式反应（PCR）法、DNA 测序技术指导等，推进了分子生物学检测技术在中药饮片领域的应用。高效液相色谱法逐步替代薄层色谱法以测定中药饮片的指标成分。2020 年版《中国药典》以中药饮片质量为标的，制定成分限量标准，加强质量可控性，例如，针对青翘和老翘的相同指标分别制定不同的限量标准；建立专属性高的指标成分控制项目，体现中药炮制"生熟异治"的传统特色，例如，以酒女贞子中的红景天苷、熟地黄中的地黄苷 D 为含量测定的指标成分。通过历版《中国药典》的不断完善，中药饮片的专属性和有效性检测水平得到了持续的提高。

5. 完善中药饮片检定通则

1985 年版《中国药典》将前版的"中草药检定通则"修订为"药材检定通则"。

1990 年版《中国药典》的"药材检定通则"，包括性状、鉴别、检查、浸出物测定、含量测定。

2005 年版《中国药典》的理化鉴别中，增加了光谱和色谱鉴别，常用的检测方法有紫外－可见分光光度法、红外分光光度法、薄层色谱法、气相色谱法。2005 年版《中国药典》修订了"检查"的定义，增加了对有害、有毒物质的限度检查，在水分、总灰分、杂质的基础上，增加了对毒性成分、重金属及有害元素、农药残留的检查；补充了"含量测定"的定义，增加了对药材含有的有效成分、指标成分或类别成分的测定内容。

2010 年版《中国药典》将"药材检定通则"修订为"药材和饮片检定通则"，将前版的"药材的检定"修订为"药材和饮片的检定"。检定通则第三条被修订为"供试品如已破碎或粉碎，除'性状''显微鉴别'项可不完全相同外，其他各项应符合规定"。检定通则第六条增加了可溶性物质与黄曲霉毒素的限量检查，对水分和药屑杂质也进行了限量规定。2010 年版《中国药典》对"含量测定"的定义进行了修订，将"对药材含有的有效成分、指标成分或类别成分进行的测定"，修改为"对供试品含有的有关成分进行检测"。注意事项增加了"药材炮制项下仅规定除去杂质的炮制品，除另有规定外，应按药材标准检验"的内容。

2015 年版《中国药典》"性状"项中修订了"表面检查""观察药材和饮片表面的光滑、粗糙、皮孔、皱纹、附属物等外观特征""观察时，供试品一般不作预处理"等性状观察方法，以及"聚合酶链式反应法"的定义和

"二氧化硫残留"的限量规定，该规定要求药材及饮片（矿物类除外）中的二氧化硫残留量不得超过 150 mg/kg。2015 年版《中国药典》收载了部分中药饮片相关微生物的限度标准，在人参、西洋参标准中增加了有机氯等 16 种农药残留的检查项目，在柏子仁等 19 味易受黄曲霉毒素污染的药材及饮片的标准中增加了黄曲霉毒素检查项目，并制定了相应的限度标准。2015 年版《中国药典》在引导中药生产企业重视微生物污染、规范中药饮片加工过程等方面起到了积极作用。

2020 年版《中国药典》更加重视中药饮片的安全性控制。2020 年版《中国药典》四部修订了"药材和饮片检定通则"，规定植物类药材及饮片中不得检出 33 种禁用农药，新增的"重金属及有害元素一致性限量指导值"，对药材及饮片（植物类）重金属及有害元素（铅、镉、砷、汞、铜）的限度提出了要求。2020 年版《中国药典》新增了"中药饮片微生物限度检查法"，制定了易霉变中药材与饮片真菌毒素限量标准，在控制黄曲霉毒素的基础上，增订了对人体危害较大的展青霉素、赭曲霉毒素 A、玉米赤霉烯酮、呕吐毒素等的毒素控制，加强了中药内源性毒性成分饮片的质量控制。

检定通则的不断更新及《中国药典》有效性检测技术水平的不断提升，进一步提高了药材及饮片质量的可控性。根据现行 GMP 要求，列入《中国药典》中的有关检验项目将纳入强制检验范畴。全面加强对农药残留、重金属、二氧化硫等外源性污染物的检测，有助于形成倒逼机制，使企业更加重视中药材的种植、采收、加工等环节，减少高残留农药和硫黄熏蒸的使用，或将有益于提高中药质量。

6. 完善中药饮片炮制通则

1963 年版及以后各版《中国药典》均载有炮制通则的内容，此通则名称在不断修订和完善。1963 年版《中国药典》在一部中载有"中药材炮炙通则"，1977 年版《中国药典》修改为"中草药炮制通则"，1985 年版、1990 年版、1995 年版、2000 年版、2005 年版《中国药典》均修改为"药材炮制通则"，2010 年版《中国药典》修改为"炮制通则"，并首次提出"中药炮制"的概念，自此，"炮制通则"的名称沿用至今。

《中国药典》的炮制方法包含净制、切制、炮炙等。1963 年版《中国药典》分为泡削、水制、火制、水火制、其他 5 大类。1985 年版《中国药典》在净制、切制、炮炙的基础上新增"水飞"法。1990 年版、1995 年版、2000

年版《中国药典》则将“水飞”并入炮炙法中。2010 年版《中国药典》将中药炮制方法分为净制、切制、炮炙、其他 4 大类，其中，“其他”中包含燁、制霜（去油成霜）、水飞、发芽、发酵法等。2015 年版、2020 年版《中国药典》亦包含 4 类炮制法。各版《中国药典》不断调整，补充了净制、切制、炮炙、其他几大类下的具体方法，使炮制方法更加完善。但《中国药典》中始终没有复制法的内容，这给中药饮片生产企业填报生产许可证的有关信息造成了一定的困难。

另外，国家药典委员会根据相关研究，不定期发布《中药材及中药饮片药品检验补充检验方法和检验项目批准件》，加强对染色、增重、掺伪饮片的控制，如对乳香中松香酸，以及人参、西洋参中高锰酸盐的限量，这是对《中国药典》饮片标准体系的必要补充。

综上可知，《中国药典》中药饮片整体检测技术水平的提升体现在以下几个方面：一是现代分析方法的应用进一步增加，检测灵敏度和专属性大幅提高；二是收载饮片品种逐步增加；三是饮片质量标准不断完善，提高了检测方法的准确性和可靠性。但《中国药典》在中药饮片的质量控制方面仍然存在着性状与显微鉴别描述不完整、不准确，检测专属性不强等问题，还需继续修订、完善，以保持严谨性、实用性、先进性。

近年来，随着世界对中药安全和质量认识的逐渐加深，以《中国药典》为代表的强制性国家标准的技术要求不断升级，尤其是中药材、饮片的安全性指标和检验项目日益增多，涉及的检验技术方法也呈现出高技术化、高端仪器化的态势。这种提升强化了业界对于中药安全性风险的认识，有利于中药质量理念向中药材种植、采收、加工等上游环节的传导，对中药材质量的提升有一定的积极意义。随着中药饮片强制性国家标准的持续升级，检验项目和指标限度、技术方法等监管能力“需求侧”的要求持续快速提高，而监管、检验能力的“供给侧”，尤其是基层监管机构和生产企业的检验能力却难以快速提升。随着中药饮片检验项目的增加，单批样品全检的检验周期一再延长，使得亟待提升的中药饮片监管效率不仅没有提升，反而持续下降，保障监管效果变得更加困难。随着中药饮片检验指标限度和仪器要求的提高，检验、仪器、人员成本持续增加，本就捉襟见肘的基层监管部门要实现日常的有效监管可谓难上加难。中药饮片国家标准的理念、策略与中药饮片产品、产业、系统特点之间的差距日益显著，两者不匹配的系统性矛盾逐渐凸显。

（二）《部颁药品标准》

《部颁药品标准》中药材第一册、蒙药分册、维吾尔药分册、藏药第一册均收载了《中国药典》未收载而有一定疗效的常用中药材，作为对《中国药典》的补充。《部颁药品标准》中药材第一册共收载中药材 101 种，其中包括六神曲、红曲米等炮制品的炮制方法与饮片标准。

（三）《国家中药饮片炮制规范》

《国家中药饮片炮制规范》是中药饮片法定标准体系的重要组成部分，它与《中国药典》、地方炮制规范等共同构成完善的中药饮片法定标准体系。《中国药典》收载中药饮片的质量标准，《国家中药饮片炮制规范》则收载中药饮片的炮制工艺，《中国药典》与《国家中药饮片炮制规范》收载的内容既各自独立又互为补充，两者均属中药饮片质量控制体系中的重要组成部分，均为中药饮片的国家法定标准，均为饮片企业制定生产工艺技术的法定依据。

受原卫生部委托，原中国中医研究院中药研究所牵头并组织全国力量编写的第 1 版《全国炮规》于 1988 年发布。该规范收载了常用中药 554 种及其不同规格的饮片，主要收录当时各地较为实用的炮制品种及其适宜的炮制工艺，收载项目包括处方用名、来源、炮制方法、成品性状、性味归经、功能与主治、用法与用量、贮藏与注意事项等 9 项。

2019 年 1 月，我国启动了《国家中药饮片炮制规范》的编制工作。《国家中药饮片炮制规范》广泛吸纳饮片生产企业的实际生产经验，并参照《中国药典》已收载的饮片标准，系统、规范地整理了饮片的生产工艺，侧重于规范和统一对饮片炮制加工过程的控制。其收载品种原则上与《中国药典》一致，正文收载项目包括名称、来源、炮制、性状、贮藏等。2022 年 12 月，《国家中药饮片炮制规范》正式发布，第一批颁布品种有 22 个。

二、地方标准

（一）省级中药饮片炮制规范

《药品管理法》第四十四条第二款规定：“中药饮片应当按照国家药品标准炮制；国家药品标准没有规定的，应当按照省、自治区、直辖市人民政府药品监督管理部门制定的炮制规范炮制。”省级中药饮片炮制规范是对国家药品标准中未收载的地方临床习用饮片品规和炮制方法的补充，是地方饮片加工、生产、经营、使用、检验、监督管理的法定依据，对继承与发扬祖国宝贵医药遗产、提高当地饮片质量、保障人民身体健康、促进饮片产业发展起到了积极的作用。

中华人民共和国成立以来，30个省、自治区、直辖市先后制定了各地的饮片炮制规范，各地的饮片炮制规范用于指导当地饮片的生产、销售、流通。2010年版《中国药典》未颁布之前，饮片标准主要以各省、自治区、直辖市颁布的中药饮片炮制规范或中药饮片标准为主。

现将30个省、自治区、直辖市编制的中药饮片炮制规范情况概述如下。

1. 颁布版次更新进度不一

各省级中药饮片炮制规范的增修进展与同时期我国饮片行业、炮制学科的发展水平密切相关。20世纪五六十年代，北京、上海、浙江、广东、内蒙古、黑龙江、云南、湖北、贵州、新疆等10个省级行政区颁布实施了当地的中药饮片炮制规范。20世纪七八十年代，饮片行业处于发展的黄金时期，全国26个省、自治区、直辖市组织编制和修订了38个版次的炮制规范。到了20世纪90年代，中药产业向中药制剂方向发展，各省、自治区、直辖市炮制规范的编制工作大量减少，仅有9个省、自治区、直辖市组织开展了炮制规范的编制工作。2000年以后，饮片行业发展迅速，各地再次开展炮制规范的编制工作，23个省、自治区、直辖市增修了当地的炮制规范。近年来，北京、河南、云南等地已经启动了新版炮制规范的修订。各地的中药饮片炮制规范颁布版次见图3-1。

2. 编排体例有所不同

各地中药饮片炮制规范的编排体例均包括前言、凡例、目录、正文、附录、索引等内容。

各地中药饮片炮制规范的正文部分，主要包括品名、药材来源、炮制、性状、鉴别、检查、含量测定、性味与归经、功能与主治、用法与用量、注意、贮藏等内容。上海、天津、浙江等15个省级行政区的炮制规范增加了“处方应付”项内容，用以规范、指导当地中医临床处方中的中药名的书写；7个省级行政区的炮制规范在“品名”之外增加了“别名”或“异名”；少数省、自治区、直辖市的炮制规范还有“采收与加工”“主要产地”“饮片规

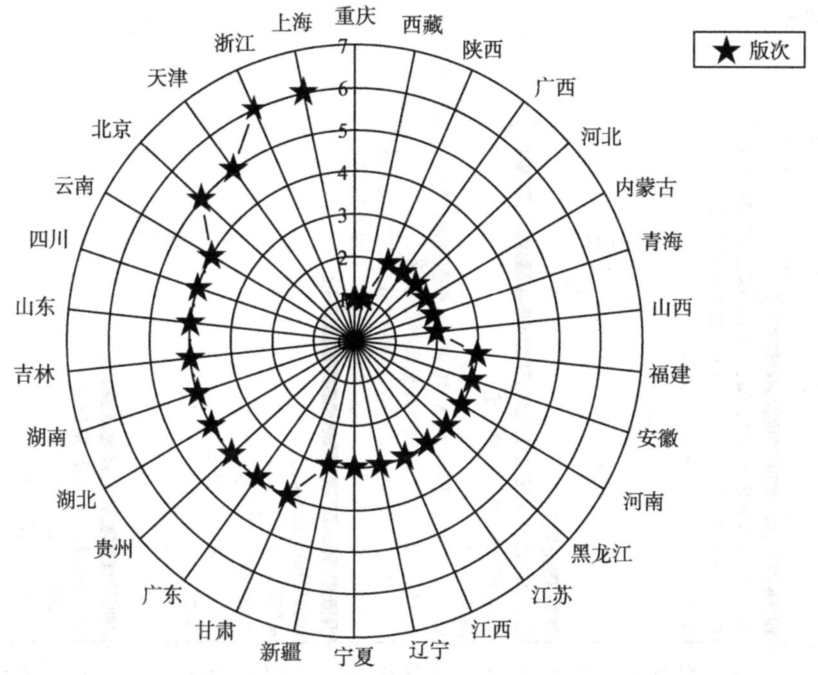

图 3－1　各省、自治区、直辖市的中药饮片炮制规范颁布版次

格”“炮制作用”“收载标准”等项目内容。

安徽、江西、河南、云南、青海、广东等 6 个省的炮制规范收载了部分道地药材或饮片的彩色图谱；广东、云南 2 个省的炮制规范除收载了具体品种的炮制规范外，还收载了起草说明。

3. 收载品种差异明显

各地的中药饮片炮制规范在总结当地炮制加工经验的基础上，重点突出了地方炮制方法及用药习惯。以各地发布的最新版本进行统计，各地中药饮片炮制规范的饮片品种情况见图 3－2。北京、上海、浙江等多数省级行政区的炮制规范收载的品种主要为《中国药典》收载的品种及地方习用品种，收载种类较多；广东省炮制规范收载的品种基本上为当地生产、经营、使用的常见品种；《河北省中药饮片炮制规范》（2003 年版）收载的均为当时现行国家药品标准中未收载的炮制规格。

4. 饮片质量标准水平不一

由于地域原因，各地中药饮片炮制规范制定的中药饮片质量标准水平

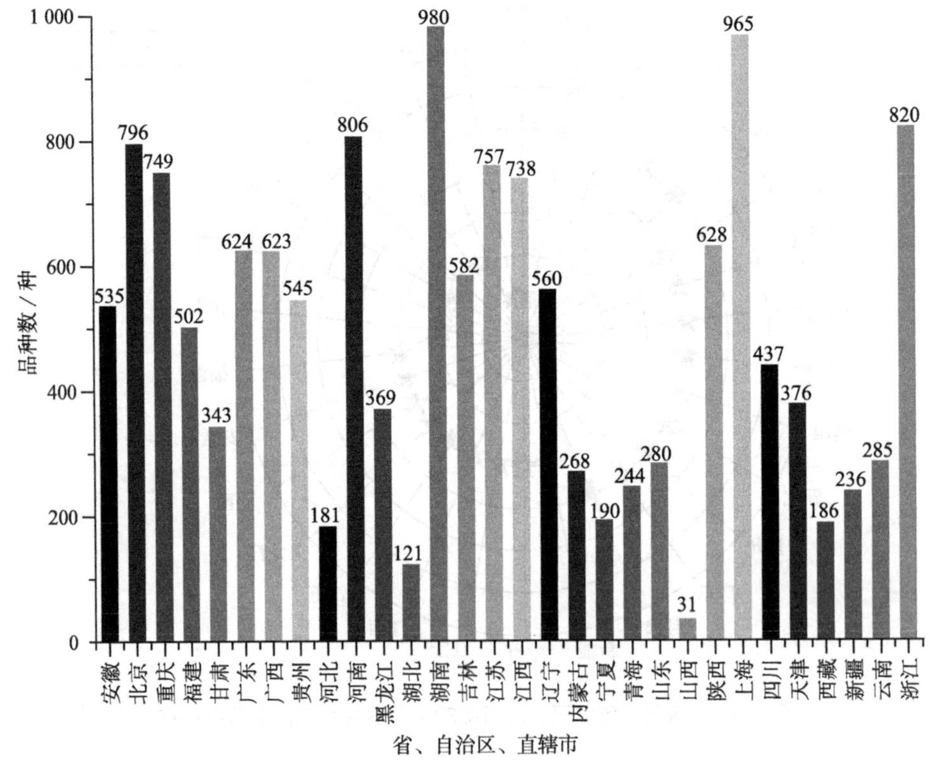

图3－2　各省、自治区、直辖市中药饮片炮制规范收载中药饮片品种情况

不一。收载项目数量不统一、收载信息不完善、各地经济水平不同等因素导致地方炮制规范的更新进度不能与国家标准同步。各地中药饮片炮制规范存在收载信息不完善的问题，例如，仅收载单一指标成分的定量、定性分析而不能全面反映饮片的临床功效和安全性，不能确保饮片品规的检测项目全覆盖。对中药饮片炮制规范编制、修订工作的规范性指导和要求的缺失，导致各省级中药饮片质量标准尺度不统一，难以实现饮片的质量控制。

从上述各省级中药饮片炮制规范的颁布版次、编排体例、收载品种数量、饮片质量标准要求等方面综合分析，我们发现这些中药饮片炮制规范存在多种差异，这不仅体现了各地在饮片炮制加工方法、临床用药习惯、饮片产业发展水平、科研水平、财政状况等方面的差异，也反映出各地药品监督管理部门对饮片监管工作重视程度和理解水平的不统一。

5. 省级中药饮片炮制规范修订

2018 年 4 月 17 日，国家药品监督管理局发布了《省级中药饮片炮制规范修订的技术指导原则》，该指导原则要求省级中药饮片炮制规范应严格遵守《药品管理法》及其实施条例的相关规定，其收载范围仅限于具有地方炮制特色和历史沿用的临床习用品种；不得收载未获得公认安全性、有效性数据的尚处于科学研究阶段的科研产品，以及片剂、颗粒剂等常规按制剂管理的产品；对于饮片打粉，除确有公认的临床习用历史的品种之外，不应作为规格收载。除另有规定外，炮制规范所涉及的原药材应是国家药品标准或地方药材标准收载的品种。应对辅料建立相应的质量标准，同时对包装材料、包装规格、保质期等进行必要的考察。

截至 2020 年 9 月 30 日，共有 19 个省、自治区、直辖市废止了 827 个饮片品规的炮制规范，省级中药饮片炮制规范中《中国药典》收载品种、饮片打粉等废止的炮制规范品规数分别为：北京 3 个、山西 3 个、辽宁 2 个、吉林 12 个、黑龙江 2 个、上海 7 个、江苏 2 个、浙江 21 个、安徽 1 个、江西 3 个、山东 50 个、河南 2 个、重庆 20 个、四川 20 个、贵州 2 个、云南 32 个、陕西 535 个、甘肃 2 个、新疆 108 个。同时，部分省份也在不断发布新的饮片标准和炮制规范，截至 2022 年 1 月 31 日，甘肃修订了人参须、白硇砂、陈皮、鹿茸等 138 个品种的炮制规范；宁夏发布了枸杞子的炮制规范；新疆发布了芸香、夏橡子 2 个品种的炮制规范；黑龙江发布了紫杉（东北红豆杉）、熊胆粉（冻干）、哈蟆油（冻干）、葵花盘共 4 个饮片质量标准；福建发布了蜜酸枣仁、制黄精、制藤茶、白莲子、党参段、法半夏片、鲜竹沥、灵芝（超薄片）共 8 个品种的炮制规范；辽宁发布了西洋参粉、天麻粉、丹参粉、鹿血晶共 4 个品种的炮制规范；海南发布了红曲、灵芝块、紫皮石斛干条、紫皮石斛切片、树舌、树舌粉、桑黄、桑黄粉、桦褐孔菌、桦褐孔菌粉、三七共 11 个品种的炮制规范。此外，还有一些省份也新增或修订了炮制规范，其品规数分别为：云南 22 个、山西 52 个、河南 51 个、吉林 41 个。

（二）省级中药材标准

各省级中药材标准收载的药材多为国家药品标准未收载的品种，以及各省、自治区、直辖市的区域性习用品种。各省（自治区、直辖市）的药品生产、供应、使用、检验和管理部门必须遵照执行该省（自治区、直辖市）的中药材标准，而此标准对其他区域的药品则无法定约束力，但可作为参照执行的标准。有的地方药材标准收载了部分品种的炮制方法、饮片质量标准等内容，如鸡矢藤收载于2006年版《福建省中药材标准》中，广东海风藤、五谷虫在2004年版《广东省中药材标准》第一册中有收载。

三、行业标准

行业标准是在全国某个行业范围内的统一标准。行业标准由国务院有关行政主管部门制定，并报国务院标准化行政主管部门备案。当同一内容的国家标准公布后，该内容的行业标准即废止。行业标准由行业标准归口部门统一管理。行业标准的归口部门及其所管理的行业标准范围，由国务院有关行政主管部门提出申请报告，国务院标准化行政主管部门审查确定，行业标准代号由国务院标准化行政主管部门公布。

由于中药饮片质量的形成具有高度复杂性，因此需要制定行业标准，以便进一步完善饮片质量的评价体系，行业标准应细于、高于法定标准。例如，1994年国家中医药管理局颁布的《中药饮片质量标准通则（试行）》，对饮片的外观、片型、净度、水分等进行了规定。

在制定中药饮片行业标准时，应在现行版《中国药典》标准及企业现行内控标准的基础上，从饮片团体标准的制定着手，采取“企业申报、专家综合评定、社会认证”的方式确定饮片团体标准，并在此基础上逐步上升为行业标准。2010年，国家中医药管理局中医药行业科研专项“30种中药饮片规格及其质量评价标准研究”的成果通过了多家饮片生产、营销、应用及管理单位的认证，得到了业内专家的高度肯定。该项目的实施方案为以后大批饮片的质量分级管理提供了有益的参考。

四、团体标准

依托国家重点研发计划“中药饮片智能调剂与煎煮设备关键技术研究”项目，由中华中医药学会医院药学分会组织，联合全国28家中医医疗机构及9家企事业单位共同制定的7项饮片临床应用领域中华中医药学会团体标准于2021年6月30日发布实施。7项团体标准中涉及饮片的标准有《中药饮片临床应用规范》《中药饮片处方用名规范》《中药饮片处方应付规范》《中药饮片临方炮制规范》《中药饮片包装规范》。其中，《中药饮片临床应用规范》基于饮片临床应用过程，对处方书写、剂量等涉及饮片临床应用的 17 个方面的内容进行了梳理和规范。《中药饮片处方用名规范》对 686 味常用饮片的处方用名进行了规范，规定了饮片处方用名的术语、定义，以及处方用名命名原则及标准，适用于饮片采购、验收、处方开具、调剂的全过程。

中药材与中药饮片质量标准不够完善的主要表现如下：补充检验方法滞后于市场监管，如红花掺伪染色所使用的染料和色素，已经超出了已批准的补充检验方法所涵盖的范围；现有标准大多只收载野生品的性状，缺少栽培品的性状，如家种柴胡、前胡、防风；有的标准检查指标过高，难以找到达标药材，炮制后的药材也难以达标，如地骨皮、五加皮等的灰分标准；部分药材或饮片的性状描述过于简单，缺少重要的细节特征，如炒麦芽等炮制后难以看到幼芽和须根，而相关标准仍然用“形如麦芽”表述；有的饮片性状与炮制终点判断不一致，如盐菟丝子如满足“裂开”的性状要求，则在温度较高部位的菟丝子会爆花，炮制过头；有的标准仅具有炮制项，缺少鉴别检查项目，如醋乳香；有的标准检验项目设置不合理，如秦皮经洗润、切制后浸出物指标反而提高；多基原品种没有明确的鉴别方法，大多只有其中一种基原的对照品或对照药材，如重楼；检测熟制饮片，却用药材做对照品，如制何首乌、法半夏、醋柴胡等；有的标准测定方法不是以干品计，炮制后药材水分下降，影响灰分结果，如合格的薏苡仁炮制后，灰分超标；个别通则要求样品前处理为细粉，但纤维性强的品种（如川牛膝、穿破石等）以及糖分多的品种（如太子参、地黄、天冬等）难以达到细度要求。

饮片标准对饮片行业的发展影响深远。标准是监管的尺子和天平，尤其作为强制性国家药品标准的《中国药典》是维系药品监管平衡的决定性因素。从产品属性上看，饮片介于中药材和中成药之间，属于半工业半农业产品；同时，饮片和中成药又同属药品，是满足人民健康需要的特殊商品。因此，制定饮片的强制性标准必须从现实出发，符合饮片产品的特点。我们必须变革中药标准理念及工作思路，建立符合饮片特点、契合监管现实需求的严谨的饮片标准，提高检验效率与监管效能，强化监管实效。

第二节　中药炮制辅料、饮片包材及饮片炮制设备标准

一、中药炮制辅料标准

中药炮制辅料在历代本草及炮制典籍中均有记载。中药炮制辅料是历代中医药学家在对药性、作用认识，以及临床用药经验积累的基础上总结而来的。它是指在中药饮片炮制过程中发挥辅助作用的液体或固体物料，可以起到增强主药疗效、降低毒性、改变药性等作用。据统计，300 多种中药饮片需添加辅料炮制，其中酒制、醋制的中药饮片各有 40 余种，蜜制、盐制的中药饮片各有 30 余种。

中药炮制辅料通常按照形态和用途进行分类。

按照形态分类，中药炮制辅料可以分为液体辅料和固体辅料。液体辅料有酒、米醋、蜂蜜、盐水、姜汁、甘草汁、黑豆汁、胆汁、麻油、米泔水等，固体辅料有稻米、麦麸、白矾、豆腐、灶心土、蛤粉、滑石粉、河砂、朱砂等。

按照用途分类，中药炮制辅料可以分为炒制辅料（麦麸、河砂等）、炙法用辅料（酒、米醋、蜂蜜等）、煅制辅料（米醋、黄酒）、蒸制辅料、煮制辅料、炖制辅料、煨制辅料等。

目前，中药炮制使用的辅料，有的已有较完善的药用标准，如蜂蜜、滑石粉等，但这些标准尚不能作为中药炮制辅料标准；有的在《中国药典》中有对应的中药材标准，但没有相应的辅料操作工艺规范，如姜汁、黄连汁、蛤粉、黑豆汁、吴茱萸汁、甘草汁等；有的如酒、醋、蜂蜜、食盐、羊脂油等，已有国家食品标准，但这些标准不属于中药炮制辅料标准；有的仅收载在地方炮制规范中，如灶心土、麦麸、胆巴。

常用中药炮制辅料的质量标准见附表 1－8。

目前，对于炮制辅料本身的研究较少，尚未引起足够的重视，且对炮制辅料的研究多是研究改进辅料炮制工艺和辅料炮制对药效的影响。炮制辅料标准只能依靠传统和经验制定，或者借鉴其他标准，相对比较粗糙，需加快推进炮制辅料标准的科学化制定。

二、中药饮片包材标准

药品包材是直接接触药品的材料和容器，是药品不可或缺的一部分。原国家医药管理局从1970年开始组织制定相关的产品标准，到1980年先后发布了安瓿、玻璃药瓶、玻璃输液瓶、中药材瓦楞纸等20多项国家标准和行业标准。1980年，原国家医药管理局制定了《药品包装管理办法（试行）》，自此，我国开始进行药品包材的监管。1998年4月，国家中医药管理局发布的《中药饮片包装管理办法（试行）》规定："中药饮片的包装必须适合饮片质量的要求，方便储存、运输、使用。包装中药饮片要选用符合国家药品、食品包装有关产品质量标准的材料，禁止采用麻袋、竹筐、纤维袋等非药用包装材料和容器。凡直接接触中药饮片的包装材料为一次性使用，不得回收重新使用。"《药品管理法实施条例》（2002年8月4日中华人民共和国国务院令第360号公布，根据2016年2月6日中华人民共和国国务院令第666号《国务院关于修改部分行政法规的决定》第一次修订，根据2019年3月2日中华人民共和国国务院令第709号《国务院关于修改部分行政法规的决定》第二次修订）明确规定："生产中药饮片，应当选用与药品性质相适应的包装材料和容器；包装不符合规定的中药饮片，不得销售。"

2004年7月，原国家食品药品监督管理局公布了《直接接触药品的包装材料和容器管理办法》，该办法明确了药品包材的管理方向，为药品包材的质量管理确立了法律地位。

为建立完整的药品包材国家标准体系，方便药品包材检验工作，原国家食品药品监督管理局根据《药品管理法》中对药品包材的有关规定，参考国际标准化组织医用和药用输血、输液、注射和血液处理设备标准化技术委员会（ISO/TC 76）制定的相关国际标准及国家标准，按照《中国药典》的格式，于2002—2006年相继颁布了《直接接触药品的包装材料和容器标准汇编》第1~6辑。

2015年版《中国药典》首次收载了《药包材通用要求指导原则》和《药用玻璃材料和容器指导原则》2个指导文件，这拉开了药品包材标准纳入《中国药典》的序幕，也强化了对药品包材及其重要门类玻璃材料的总体要求。基于对药品包材标准体系的进一步研究，按照"总体规划，分步推进"的原则，2020年版《中国药典》又新增16种常用药品包材的检测方法，进一步扩充了药典药品包材标准体系，为后续药品包材标准体系的整体完善奠定了基础。中药饮片的包装材料使用、验收执行的标准为直接接触药品的包装材料的相关标准。

三、中药饮片炮制设备标准

饮片加工以手工加工的传统方式为主，切制饮片用切药刀、刨刀，炒制饮片用铁锅、铁铲，干燥以晒干、炕干为主。中华人民共和国成立之初，生产设备初步过渡到机械化时代，炮制设备出现了润药机、滚筒式炒药机、蒸制锅炉等。这些设备的出现扩大了饮片生产规模，提高了饮片产量。

在国家大力提倡发展中药、大健康产业的背景下，一些先进的加工设备被逐步运用到中药饮片加工中，促进了饮片的质量提升和形式多样化。2005年，中华人民共和国国家发展和改革委员会先后发布了润药机、炒药机、变频式风选机、柔性支承斜面筛选机等4个中药饮片生产设备的行业标准，上述标准均于2005年8月1日实施。

2008年，借鉴药品生产企业实施GMP的经验，饮片厂进行了GMP改造。国家相关部门要求饮片厂采用自动化、机械化生产设备，所有加工设备符合GMP要求，所有直接接触药物的零部件材料均采用不锈钢，避免零部件接触药物后发生化学反应和吸附药物。

除此以外，尚未看到更多的中药饮片炮制设备标准出台，各饮片炮制设备生产厂家各行其道、自成体系，中药饮片炮制设备标准体系的发展相对滞后。

第三节　中药饮片标准化与《国家中药饮片炮制规范》

一、中药饮片产业标准化有序推进

为贯彻落实《“十二五”生物产业发展规划》和《中医药创新发展规划纲要（2006—2020年）》，推动中药产业技术优化，增强中药产业核心竞争力，切实提高中药产品质量水平，中华人民共和国国家发展和改革委员会、国家中医药管理局于2015年7月共同组织开展了国家中药标准化项目。中药标准化项目的重点任务是针对中药材种植、中药饮片生产、中成药生产全过程的技术规范和标准缺失问题，着力于中药生产各环节的技术规范优化、中药产品标准及中药产品可溯源体系建设，完善并修订一批中药生产规范及标准，强化中药产品的监督、鉴别和鉴定方法，系统构建中药标准化支撑体系，促进中药产业“种好药、产好药、造好药”。中药标准化项目拟制定涵盖50%以上的中成药大品种的优质产品标准，以及50%以上的临床常用中药饮片的等级标准，建设中药标准化支撑体系平台，实施中药优质产品信息定期公告机制，构建中药优质产品标准的长效机制，推动中药产品优质优价。首批中药标准化项目共吸引全国105家企业参与，涉及中成药大品种59种、常用中药饮片101种，项目实施时间为2016—2018年。2019年7月，相关部门组织了对中药标准化项目的验收工作。2022年，国家中医药管理局科技司发布《关于反馈中药标准化项目验收结果及加快成果转化的通知》，101种中药饮片和59种中成药标准化建设项目全部通过验收。自2021年起，国家中医药管理局科技司开始组织标准提交、评审修改与发布工作，将提交的行业标准分为A、B、C 3类，A类基本成熟，启动标准的评审、发布程序；B类需修改完善部分内容，尽快启动标准的评审、发布程序；C类需进一步补充、完善相关研究资料，再启动标准的评审、发布程序。发布的标准名单（标准品种有重复）显示，A类共有中药饮片60种、中成药23种，B类共有中药饮片70种、中成药28种，C类共有中药饮片27种、中成药11种。除标准外，该项目还建成中药质量检测技术平台1个、中药质量标准库3个。该项目的实施，使业内达成了“中药产业发展，质量标准先行”的行业共识，建立了一系列中药质量标准和中药质量控制技术规范，有效提升了中药质量，促进了中药产业的全链条优化升级。

中药饮片标准化，是一个长期而复杂的过程，也是大势所趋。在中药饮片标准化的实践过程中，随着优质优价市场环境的逐步形成和相关政策法规的逐步完善，中药质量追溯体系建设加快推进，先起步的中药饮片生产企业掌握了主动权，并将在未来的中药饮片市场竞争中保持先发优势，成为行业的引领者。

二、《国家中药饮片炮制规范》的编制

2009年，国务院印发了《国务院关于扶持和促进中医药事业发展的若干意见》，该意见提出要加强中药管理，加强对中药饮片生产质量和中药材、中药饮片流通的监管。科技部等16部委联合制定的《中医药创新发展规划纲要

（2006—2020年）》明确提出，将中药技术标准研究作为优先领域，以提高中药产品和产业技术水平为目标，按照中药多组分、非线性、多元化、多环节发挥效应的特点，研究建立中药材种质、品种、质量、种植、采集、加工、饮片炮制、提取等技术标准与技术规范。

为解决长期困扰中药饮片产业发展的国家标准较少、地方炮制规范不统一等问题，2015年版《中国药典》大幅增加了中药饮片的收载数量，收载了822种常用饮片及有特色传统炮制工艺的地方习用饮片。但限于多种原因，《中国药典》仅收载了部分饮片的炮制方法，有的炮制方法放在同源药材项下描述，缺少详尽的炮制工艺描述，使人无法全面了解饮片来源及规格。近年来，各地相继修订和增补了中药饮片炮制规范，但由于缺少国家统一颁布的炮制规范，各地炮制规范"一药多法""各地各法"的现象较为普遍。《中国药典》和地方标准中相同饮片的炮制工艺不统一，各地方标准之间相同饮片的炮制工艺不一致，造成饮片质量不稳定的问题。研究制定《国家中药饮片炮制规范》，统一炮制工艺标准，是完善饮片标准体系、规范饮片标准管理的重要任务。《国家中药饮片炮制规范》将为饮片科学监管工作提供强有力的技术支撑。

2019年，受国家药典委员会委托，中国中药协会中药饮片专业委员会牵头组织成立了《国家中药饮片炮制规范》编委会和编审组。77家中药饮片生产企业参与了第一批国家中药饮片炮制规范的编制工作。该规范的编制，首创行业协会牵头、企业参与制定规范的模式。企业在调研、整理全国各省、自治区、直辖市药品监管部门所发布的省级中药饮片炮制规范和现有科研成果的基础上，以企业实际生产工艺数据为依据，按照编委会制定的《〈国家中药饮片炮制规范〉编写工作指导原则》起草了该规范草案并提供起草说明；编委会组成编审组对草案进行了修改，使内容更加凝练；国家药典委员会组织专家审核该规范后予以公示。该规范在充分征求多方意见的基础上形成并发布，从流程上确保了炮制规范的可行性、实用性和规范性。

2022年12月第一批22个国家中药饮片炮制规范正式颁布。《国家中药饮片炮制规范》本着成熟一批，发布一批的原则，最后结集成册。《中国药典》收载的中药品种未列入该规范，其饮片炮制工艺仍按照《中国药典》执行。《国家中药饮片炮制规范》与《中国药典》同属国家药品标准。《国家中药饮片炮制规范》以收载中药炮制工艺为主，与《中国药典》配套使用；所载中药材必须符合《中国药典》的中药材标准。按照《国家中药饮片炮制规范》收载的炮制工艺生产的中药饮片产品，必须符合《中国药典》的中药饮片质量标准。

·第四章·

中药饮片传承与创新发展

第一节 中药炮制技术研究与应用

中药炮制技术分为传统工艺技术和现代工艺技术。中药饮片传统工艺技术从古代的“前店后厂”模式传承而来，以手工操作为主，辅以少量工具；而现代工艺技术则采用规模化生产的方式，以机械设备加工为主，辅以少量人力。因此，两者从技术手段、工艺参数到质量标准，均存在很大差异。目前，中药炮制技术和标准的相关研究及应用，正处在从传统向现代发展的关键节点。

中药炮制技术是我国历代医药学家在用药实践中不断试制试用、总结积累而形成的传统制药技术，是中医药的特色和优势所在。党和政府历来十分重视对中药炮制技术的保护，并将关键中药炮制工艺技术列为国家保密项目。改革开放以来，我国明确将中药饮片生产列入禁止外商投资产业目录。2002 年 3 月，国家知识产权局又进一步明确了中药饮片知识产权保护的范围和内容。2006 年 5 月，国务院正式公布，将中药炮制技术列入第一批国家级非物质文化遗产名录，并提出了“保护为主、抢救第一、合理利用、传承发展”的 16 字工作方针。

一、中药炮制技术发展进程

中华人民共和国成立以后，有关部门通过建设中医药高等院校、编制中药炮制教材以及出版《中药炮制经验集成》《历代中药炮制法汇典》等著作，保护和抢救了一批中药炮制传统技术，培养了一批中药炮制专业人才。截至 1980 年，全国 21 个省（市）出版了省（市）级地方中药饮片炮制规范，保留了大批中药炮制技术和地方特色饮片规格，为中药炮制技术的规范化奠定了基础。

20 世纪 80 年代以来，中药炮制研究进入新的阶段，炮制研究从早期以老药工传统经验为主，以节约药材、提高产量、节约人力为目的的生产技术改进或改良，变为以探寻炮制原始意图、揭示炮制科学内涵为目的的炮制技术改进或改革与中药饮片质量控制标准提升。20 世纪 90 年代，中药炮制学科经历了发展的低谷，学科发展前景不明朗，人才流失严重。但在随后几年里，随着天然药物的兴起以及国内外对遗传资源及其知识产权保护呼声的不断提高，加之中医药界众多老专家的呼吁，中药炮制学科被重新定位，并迎来了前所未有的高速发展时期。我国国民经济持续高速发展，为研究发掘中医药奠定了坚实的经济基础。国家加大对中药炮制学科的支持力度，使得不少单位原本已萎缩的炮制学科重新得到发展，并呈现出新的活力。

自2015年起，国家先后启动建设了两批共56家中药炮制技术传承基地，其中2家为国家级传承基地，其余为省级或市级传承基地。这些传承基地从理论、技术、人才、文化等方面，开展了比较全面的中药炮制技术传承工作，为非物质文化遗产保护做出了重要贡献。

“七五”至“十五”期间，中药炮制研究被列入国家科技攻关计划，天南星、何首乌、白芍、草乌、半夏、附子、肉豆蔻等110种中药饮片的炮制工艺及质量标准研究相继完成。

“七五”国家科技攻关计划中立项中药炮制项目1项，包括20个中药品种的炮制工艺规范化研究；“八五”国家科技攻关计划中也立项中药炮制项目1项，包括20个中药品种的炮制工艺规范化研究。“七五”和“八五”期间的中药炮制研究均由科研院所承担完成。“九五”国家科技攻关计划中立项中药炮制项目2项，同样包括20个中药品种的炮制工艺规范化研究，项目首次采取了中药饮片企业和中医药科研单位联合研究的模式。“十五”国家科技攻关计划、国家重大科技专项“创新药物和中药现代化”等中共立项中药炮制项目4项，包括80个中药品种的炮制工艺及部分炮制用辅料研究。“十一五”期间，立项的中药炮制项目有2项，涉及10种炮制技术和50个中药品种，项目以专题项目形式对中药炮制用辅料进行了系统研究。“十二五”期间，中药炮制研究获得了国家中医药管理局的大力资助，中医药行业专项等中共立项中药炮制项目10项，涉及127个中药品种和6个组方，项目对毒性中药、发酵中药、生熟异用中药等进行了深入研究，中医药行业专项第一次将产地加工与炮制一体化列入科研项目，第一次将中药饮片调剂和煎煮列入科研主题进行研究。“十三五”期间，中药炮制项目的研究重点已经转向全产业链的标准化、中药炮制技术共性化、中药炮制智能设备的研制和应用，相关项目得到了中华人民共和国国家发展和改革委员会和国家中医药管理局在政策和科研经费方面的大力支持，立项的中药炮制项目共6项，其中国家中药标准化项目涉及101个中药品种。由此可见，中药炮制项目在科技发展、行业规范化、饮片生产等方面进行了大量有效的研发工作，并取得了可喜的成果。“七五”至

“十三五”期间中药炮制研究项目情况见附表1-9。

二、中药饮片生产技术研究进展与应用

炮制工艺是影响中药饮片质量的重要因素，炮制不及或太过均会影响中药饮片的药效成分，进而影响中药饮片的临床疗效。目前，中药炮制技术研究的重点方向是规范化和规模化生产的炮制新技术、传统炮制方法的规范化和规模化生产技术、产品质量控制技术、先进的检测仪器与质量标准等。

（一）中药炮制工艺评价指标和方法研究进展

中药炮制工艺评价方法的科学性和实用性一直深受行业关注。中药炮制工艺技术曾主要依靠老药工的经验及手口相传的方式进行传承，而随着社会的发展和科技的进步，传统经验已远远不足以满足规范化、规模化生产所需的工艺标准要求。

中药炮制工艺的评价指标和方法对于中药炮制的效果具有决定性的影响。中药成分复杂，炮制后其物理、化学性质均可能发生变化，适宜的工艺评价指标和方法，能够较为准确地反映炮制程度是否符合中药饮片的质量要求。中药炮制技术是在中医药体系中发展起来的、用于制造中药饮片的技术。中药材包含自然界中的植物、动物、矿物及部分人工制造品，要将这些药材都制成符合中医药传统理论、方便调剂与贮存的中药饮片，就需要将中医学、中药学、植物学、矿物学、物理学、化学、生物学甚至经济学等多学科的研究方法和技术结合起来，不断探索适宜炮制工艺的评价指标和方法，以利于科学、合理地筛选和优化中药炮制工艺。

1. 中药炮制工艺评价指标与依据

炮制工艺评价指标和方法的确立应源于对炮制机制的研究和对炮制原始意图的理解。通过对古代中药炮制文献的梳理和归纳，我们可以理清炮制技术发源、演变的全过程，明确炮制药物的目的，在明确炮制原始意图的基础上，开展炮制机制研究，确定中药炮制减毒增（或存）效、生熟异用的科学依据。

2. 化学成分评价法

化学成分是药物作用的物质基础，炮制前后药效成分的变化与药物疗效

密切相关。适宜的化学成分作为评价指标，可以较好地反映药物炮制与质量、炮制与疗效的关系，为科学评价炮制工艺提供依据。一般单一化学成分、大类成分或多成分均可作为评价指标，且成分含量或成分变化率可作为筛选工艺的评价标准。目前，多成分综合评价是中药炮制工艺的主要评价方法。

3. 化学成分与药效毒理结合评价法

以药效毒理为指标的炮制工艺评价方法，即选择与炮制作用紧密相关的药效、毒理指标作为评价指标，能够直观地反映出中药饮片的药效或毒性强弱变化，明确炮制前后中药饮片的有效性、安全性。化学成分与药效毒理相结合的评价方法，可将中药饮片的成分与疗效、安全关联到一起，以综合评价炮制工艺，更好地反映炮制工艺的科学性和合理性，是一种较为理想的炮制工艺评价方法。但是囿于中药化学成分、中药药效和毒性动物模型、中药药效毒性机制、中药成分检测技术等基础研究，能够适用于该评价方法的中药饮片并不多见。

4. 工艺与设备相结合的评价法

中药炮制生产工艺要随着现代制药技术的发展而不断改进，炮制工艺评价也需要与现代化生产设备的工艺流程、性能条件等相结合。现在部分饮片生产机械在性能、自动化程度及生产能力上还达不到饮片规范化生产的要求。因此，设备生产厂家必须加强对适用于饮片规模化、标准化生产的机械和仪器设备的研制。

5. 性状与理化性质评价法

药材性状的主要研究内容包括药材种类、外形、大小等。饮片性状的主要研究内容包括饮片颜色、气味、质地及其分类，片形选择原则，片形加工方法，片形与切、蒸、煮、炒、炙、煅、飞等的生产工艺参数的关系，片形与粉碎、干燥、计量、包装、提取的关系。药材理化性质的主要研究内容包括药材的质地、堆积密度、空隙率、干燥特性、炭化规律、液体辅料的渗透与作用规律等，以及以上内容与药物的显微组织、主要成分、热敏成分、毒性等的关系。

药材、饮片性状与理化性质是饮片生产过程中质量控制的重要依据，也是炮制工艺评价的关键依据。目前，电子鼻、电子舌、色彩色差仪、视觉分析仪等可用于评价饮片的颜色、气味等；质构仪等可用于评价饮片的质地等。

（二）中药炮制工艺与设备的规范化研究

1. 多种统计方法的炮制工艺优化研究

长期以来，中药炮制方法主要描述工艺过程，而无明确的工艺参数，这种情况不符合现代化生产对于生产过程规范化的要求，也不利于中药炮制技术的传承和发展。因此，要在中药炮制研究中投入大量精力进行工艺规范化。炮制工艺参数优化是炮制工艺规范化的主要内容。炮制工艺一般涉及多个步骤和多个工艺参数，因此，一般采用多因素数理统计方法进行工艺试验设计和参数优化筛选，常用的设计和统计方法包括正交设计、均匀设计、星点设计、权重分析法、响应面法、层次析因法、人工神经网络方法等。

2. 炮制工艺与设备相结合的规范化研究

自"七五"时期以来，我国医药工作者在中药炮制工艺的改革和创新方面做了大量的探索性工作。中药炮制方式从手工逐步转向机械化和自动化，随着生产设备的改变，炮制工艺发生着相应的变化；而炮制工艺的筛选、优化也需要不断改进生产设备，引入相关工程学理论，重点研究规模化生产条件下净制、浸润、切制与粉碎、蒸煮、炒（炙）制、煅制、干燥、包装及过程质量监控等工程技术的原理与方法。在此基础上可进行炮制工艺规范化研究，制定工艺流程，如以气相置换润药理论对药材软化与切制加工进行研究（涉及药材软化工艺参数与药材含水率、硬度、易切性关系的研究与应用，药材硬度测试方法和药材易切性评价标准的建立等），对饮片的片形大小、干燥温度与脱水速率、干燥特性、药效成分含量的关系进行研究，对炒制和制炭过程中的加热功率、温度、制炭气氛、时间与炭化过程的关系进行研究，对炭化点温度、燃烧点温度进行研究，对利用红外测温仪测量饮片温度时不同种类饮片的折射率进行研究等。

3. 中药炮制新技术的应用

中药炮制新技术的应用一般是依靠引入新型设备来实现的，这些新型设备通常来自食品、制药等行业，因此，应用的新技术多是集成创新的成果，具有原创性知识产权的技术较少。现在已经被研究者或者生产企业所应用的炮制新技术主要有以下几种。

（1）超微粉碎技术。超微粉碎技术是 20 世纪 70 年代以后迅速发展起来的一项新技术。该技术是利用机械或流体动力学方法，将 0.5 ~ 5 mm 的颗粒粉碎至 10 ~ 25 μm 的技术。在《中国药典》中，中药细粉粒度范围比较宽泛，从成品粒径来看，中药粉碎涵盖了粉碎分类中的微粉碎（细粉碎）和超微粉碎（超细粉碎）2 类。中药超微粉碎，也叫作破壁粉碎，一般认为其具有增加中药有效成分溶出率、提高生物利用度、减少中药用量、增强药效等作用。但是中药饮片的破壁粉碎，也会造成细胞内有效物质、无效物质或毒性物质的逸出，增加未知的中毒风险。另外，由于溶出不需经过细胞壁，溶出成分会大量增加，这是否会对肾、肝、心血管系统、神经系统等有不良影响，有待研究者进行综合考虑。

中药纳米粒是将中药材通过球磨机和微射流粉碎机等特殊设备进行超微细粉碎而得到的纳米尺寸的微粒。由于植物中药成分大都极为复杂，不像金属与陶瓷成分单一、易于粉碎，故以机械粉碎法制取的植物中药纳米粒的结构、成分、化学与物理特性的复杂程度也会倍增。由于纳米微粒极其细小，中药纳米粒进入血液循环后可被血浆调理素和免疫球蛋白吸收，而网状内皮系统对这种调理素具有特殊的识别能力，可将其吞噬，所以纳米粒可到达肝、脾、肺、骨髓、淋巴等器官，甚至突破血脑屏障。这些问题在中药安全领域未曾涉及，须慎重对待并有待进一步研究。

目前，超微粉碎技术已用于破碎三七、灵芝等中药材，但中药超微粉和中药纳米粒的应用研究还处于初步阶段，中药超微粉和中药纳米粒远未达到能够普及应用的水平。

（2）真空气相置换浸润技术。真空气相置换浸润技术通过优化浸润的蒸汽压力、真空度、温度、时间等工艺参数，利用真空泵抽排放置药材的密闭容器和药材组织间隙内的空气，维持一定的真空度，经过一段时间后再迅速通入水蒸气，利用药材内外气压差，使水蒸气快速进入到药材组织间隙，与药材中的亲水性物质结合，以促进药材组织充分吸收水分，达到软化药材的目的。该技术具有节时 70%~90%、节水 50%~80%、参数可控等优点，可使质地坚硬中药材的软化真正做到药透水尽、工艺可控、质量稳定。该技术已应用于“十一五”国家科技攻关项目。现有成型设备已应用于中药饮片企业的饮片生产，主要用于贵细药材的软化。

（3）电磁加热技术。电磁加热技术发端于 20 世纪 50 年代，1957 年，德国生产了世界上第一台电磁炉。电磁加热的原理是通过交变电流流过线圈产生交变磁场，使金属容器处于交变磁场中，切割交变磁力线，容器底部产生交变电流（即涡流），使得容器底部的金属原子进行高速无规则运动，互相碰撞、摩擦而产生热能，起到加热物品的效果。电磁加热是金属容器自身发热，热转化率最高可达到95%，是一种直接加热的方式。

电磁加热技术主要应用于电磁加热炒药机，电磁加热炒药机温度控制较为精确，可实现“大火”“中火”“小火”或“文火”“武火”的不同温度控制，对中药原料进行清炒、炒炭、麸炒、蜜炒、醋炒等多种加工。现有成型设备已广泛应用于中药饮片的生产。

（4）微波加热炮制技术。微波加热技术发端于20世纪40年代，是物料吸收微波（频率介于300 MHz～300 GHz的电磁波）后，通过偶极子旋转和离子传导2种方式，内、外同时加热的技术。微波加热炮制中药的提出始于20世纪90年代，相对于传统热处理，微波加热能够大大缩短加热时间、提高炮制效率。该技术适用于人参、鹿茸、天麻等中药材的干燥。目前，受设备规模的限制，中药饮片生产企业较少应用该技术。

（5）膨化炮制技术。膨化技术是20世纪70年代以后发展起来的食品加工技术。该技术利用相变和气体的热压效应原理，使物料内部的液体快速升温汽化，通过外部能量的供应、物料内部压力的增加，以及气体的膨胀力带动组分中高分子物质的性质发生改变，从而使物料成为具有蜂窝状组织结构的多孔性物质。该技术可用于马钱子等毒性中药的炮制。目前，受设备限制，中药饮片生产企业较少应用该技术。

（6）高压蒸煮技术。高压蒸煮技术是20世纪60年代提出的中药炮制减毒技术，即在高温加压（121 ℃，0.125 MPa）条件下蒸煮药物的技术。该技术可以缩短炮制时间，提高效率，降低中药毒性，用于地黄、附子、川乌、草乌等药材的炮制。如日本汉方中的“加工附子”就采用了该方法炮制，以达到减毒的效果。

（7）生物发酵技术。生物发酵技术是在继承传统中药发酵炮制法的基础上，吸收微生物学研究成果，结合现代生物工程学而形成的中药发酵制药新技术。该技术以纯菌种发酵代替传统的多菌种发酵，采用适宜的发酵设备防止杂菌污染、控制温湿度，以提高发酵效率，抑制有害杂菌对发酵的影响。该技术对于提升中药饮片的质量、充分利用中药材资源均有一定的理论和实践价值。目前，纯菌发酵技术可用于制备六神曲、淡豆豉、红曲等中药饮片。

（8）真空冷冻干燥技术。真空冷冻干燥技术是20世纪80年代以后比较成熟的食品和药品加工技术，是主要利用升华原理使物料脱水的干燥技术。该技术的原理是物料快速冻结后，含有的水分变成冰，在真空（压力低于水的三相点压力）环境下加热，使冰升华而达到干燥目的。真空冷冻干燥在物体低温冻结的状态下进行，因此特别适用于干燥热敏性、含挥发性成分的物质。另外，真空冷冻干燥的物料可保持原有结构，体积几乎不变，不会发生浓缩现象，干燥后的物质疏松多孔，呈海绵状，便于粉碎；真空冷冻干燥技术使药材的含水量降低，能够较好地抑制微生物的增殖和生长，药材密封包装后即可长期储藏。该技术可用于枸杞子、人参、鲜鹿血等中药的干燥与储藏。

（9）远红外干燥技术。远红外干燥技术在我国的应用始于 20 世纪 70 年代，20 世纪 90 年代后该技术广泛用于农产品加工。该技术是物体内部分子吸收远红外线辐射能量，将其直接转变为热量的干燥技术。该技术干燥速度快，穿透力强，加热均匀，可同时干燥物料表面和内部，有较高的杀菌、杀虫及灭虫卵能力，适用于含水量大、有效成分遇热不稳定、易腐烂变质、药食同源或贵重的中药材及中药饮片，如鹿茸、牡丹皮、西洋参、黄芩、陈皮、金银花、人参等。

（10）真空脉动干燥技术。真空脉动干燥技术的原理是物料在干燥过程中处于真空、常压不断交替的压力干燥室内，蒸气通过传导加热方式为物料中的水分供给足够的热量，使蒸发和沸腾同时进行，加快汽化速度；快速抽出汽化的水蒸气，在物料周围形成负压，物料内、外层之间及表面与周围介质之间形成较大的湿度梯度，物料内部组织形成蜂窝状孔隙结构，加快汽化速度。该技术具有干燥效率高、防止物料褐变和保留物料风味等特点，可以用于高糖分、易褐变、难干燥的中药，如花椒、枸杞子、茯苓、大枣等。

4. 中药材产地加工

我国中药历史源远流长，很早就有采摘药物后直接趁鲜使用的惯例。我国最早的中药炮制专著《雷公炮炙论》记载的 184 种草木类药材中，趁鲜加工的药材就有 61 种，可见当时趁鲜加工已广泛应用。

中药产地加工是指根据药材性质和商品销售运输保存的要求，在产地对药用植物或药用动物进行的初加工，制成品归属于中药材。传统产地加工与炮制生产呈分离状态。部分品种在产地加工阶段已经干燥，到了炮制环节，还需水处理软化、切制和再次干燥，不仅费工费时，而且如果处理不当，还会造成有效成分流失或改变。趁鲜切制是按照传统加工方法将采收的新鲜中药材切制成片、块、段、瓣等，虽改变了中药材形态，但未改变中药材性质，且减少了中药材干燥、浸润、切制、再干燥的加工环节，有利于保障中药材质量。另外，趁鲜加工还具有降低生产加工成本、提高饮片质量的优点，有利于工业化生产。将饮片切制与产地加工结合起来，既可以减少切制时的浸润等操作程序，又可以减少有效成分在浸润过程中的流失，提高饮片质量。因此，规范的产地加工既符合传统炮制加工的要求，又能满足饮片行业发展与质量控制的现实需要。近年来，随着趁鲜切制技术的不断完善与发展，以及中药饮片生产企业对于中药材质量要求的提高，对于部分仅需净制、切制的大宗中药材品种，如大黄、甘草、黄芪、当归等，可以将中药材产地加工与炮制生产的相关工序整合起来，以便提高生产效率，降低生产成本，并保证中药饮片的品质。

国家药品监督管理局顺应时代发展要求与行业发展特点，在《国家药监局综合司关于中药饮片生产企业采购产地加工（趁鲜切制）中药材有关问题的复函》（药监综药管函〔2021〕367 号）中明确指出，中药饮片生产企业可以采购具备健全质量管理体系的产地加工企业生产的产地趁鲜切制中药材用于中药饮片生产。这使更多的“产切片”合法化，推动了中药饮片行业的发展。

根据国家药品监督管理局的复函，甘肃、山东、云南、湖北、安徽、福建、重庆、吉林、天津、河南、陕西等省市分别颁布了中药材产地趁鲜切制工作指导意见，并结合本地实际，探索产地加工与炮制一体化，以道地药材品种为基础，制定或研究制定趁鲜切制中药材品种目录。截至 2023 年 5 月，已颁布的趁鲜切制的品种（扣除重复部分），累计超过 190 个。

同时，中药材的产地加工仍需做好以下几方面工作，以确保中药饮片质量：①建立产地趁鲜加工品种的执行标准；②明确责任主体，规范产地加工条件；③开展试点生产，加强政府监督；④明确趁鲜加工饮片的经营使用；⑤建立中药质量追溯体系。

随着各省市中药材产地趁鲜加工工作的开展，产地加工与炮制一体化正在落实，在道地药材主产地建设的单品种产地加工厂或区域产地加工厂，专门生产加工本地区的一种或几种道地药材，确保产地加工规范化、规模化。从已有的研究来看，发展中药材产地加工是解决目前中药饮片质量问题的良好途径之一。但目前中药材的产地加工存在着研究基础薄弱、标准缺失、行业归属存疑、质量监管无法可依等问题，要解决这些问题，需积极开展各方面工作，通过基础研究、深入调研，推动行业立法，加强行业监管，保障产业健康、有序发展。

第二节　中药饮片机械设备研究

一、中药饮片机械设备研究进展

中药饮片机械设备是在中药炮制理论指导下，结合具体炮制工艺和中药饮片生产特点，运用现代科技手段制造而成的机械设备。中药饮片机械设备研究主要是在规模化生产条件下，进行中药饮片加工自动化、信息化、标准化设备的研究，是炮制机械研究的重中之重。中药饮片机械设备研究将传统炮制方法产业化，使炮制机械的种类与功能覆盖炮制全过程，为现代炮制学的发展奠定了新的技术基础，改变了饮片加工设备落后的面貌，提升了中药饮片产业的地位，进一步推动了中医药事业的发展。

中药饮片传统工艺以手工操作为主，辅以少量工具；而中药饮片现代工艺以机械设备加工为主。目前，中药饮片产业的工业化水平明显落后于其他产业。炮制机械与炮制学发展不平衡是中药饮片产业工业化水平落后的重要原因。只有建立炮制机械与炮制学协调发展的机制，才能从根本上改变中药饮片产业工业化水平落后的面貌。

从中华人民共和国成立至 20 世纪 80 年代，中药饮片生产仍沿袭以手工操作为主的生产模式。1985 年，中国药材公司（现中国中药有限公司）建立了 4 家中药饮片机械厂，推动了中药炮制机械的专业化、规模化发展。“十五”时期以来，特别是“十一五”期间，我国将炮制机械研究与中药饮片工艺规范化研究放在同等重要的位置，立项了“中药炮制共性技术与相关设备研究”课题。2010 年版 GMP 明确提出了对企业的生产进行改造的时间，中药饮片加工设备也迎来了一波为期 5 年的发展红利。“十三五”期间，我国立项了“10 种传统特色炮制方法的传承、工艺技术创新与工业转化研究”项目，从政策导向和研究经费上为炮制机械与炮制工艺的结合提供了有力的支撑。根据中药饮片的特点，我国有关部门鼓励通过多学科联合，研发饮片生产机械和相关设备，并给予专利保护，此举推动了中药炮制设备的发展。据不完全统计，全国饮片机械企业有 300 余家。

《中国制药工业智能制造白皮书（2020 年版）》发布的信息显示，我国制造业正迎来第 4 次工业革命，即工业 4. 0。工业 4. 0 旨在运用信息整合和控制系统打造智能工厂，实现智能制造。制药工业是我国智能化水平重点提升的十大领域之一。与汽车制造、电子制造、冶金、石化等行业相比，制药工业的平均自动化水平不高，运用信息化理念管理的水平相对较低，其主要原因是信息化建设基础弱、安全质量监管强和投资收益见效慢等。制药工业的整体自动化水平亦较低，智能制造发展基础薄弱。我国制药企业普遍处于机械化阶段，信息化手段局限于单个设备或者设备组，缺乏跨设备、跨流程步骤的统一管理。制药企业建设智能制造体系，一方面要提升底层装备和制造过程的自动化水平，另一方面要充分利用工业互联网、工业大数据、云计算、人工智能、数字孪生等新一代信息化技术，以占据有利的市场竞争地位。

二、中药饮片机械设备市场情况

为保证药品质量水平，原国家食品药品监督管理局从 1999 年开始在制药行业实行 GMP 强制认证，对制药企业的生产设备和生产环境提出了硬性要求，这使制药专用设备的需求量大幅增加。中国制药装备行业协会公布的数据显示，2015 年以来，我国制药设备产量快速增加，2020 年，主流制药设备产量高达 49 350 台，其中饮片机械设备产量最大，达 20 078 台（图 4 – 1）。

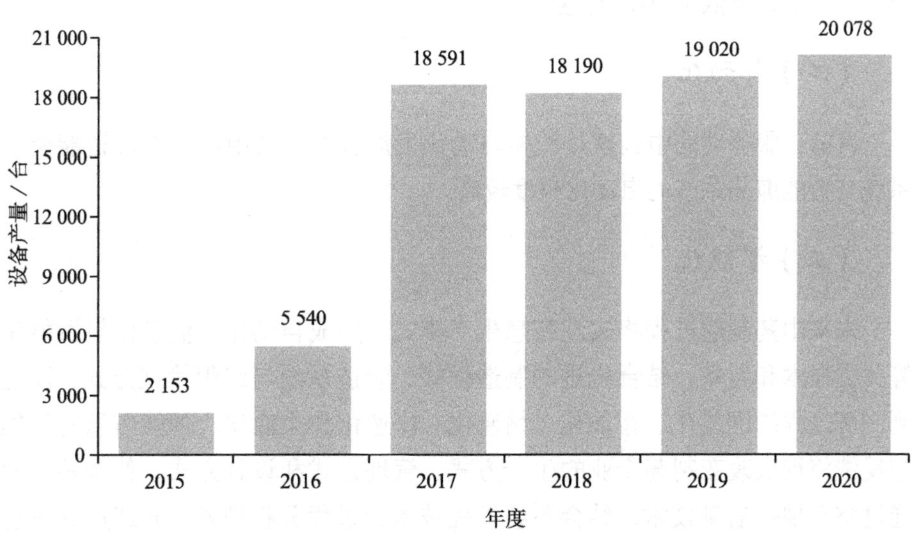

图 4 – 1　2015—2020 年中药饮片机械设备产量

三、中药饮片机械设备发展趋势

随着行业竞争的加剧和社会公众对用药安全关注度的提高，制药企业对制药装备的安全性、生产效率、稳定性均提出了更高的要求。部分制药设备生产企业顺应市场需求，加快技术创新，扩大与国外企业的合作，在更高层次上、更大范围内提升了中国制药设备的制造水平和生产能力，使制药设备向集成化、自动化、智能化方向发展。

（一）集成化

集成化是指制药设备从制造简单的单元设备进入整合的工艺操作技术，包括多工序工艺设备集成、前后联动设备集成、进出料装置与主机集成、主机与检查、检测设备集成等。获得2021年中国制药装备行业协会科学技术创新奖一等奖的“中药全产业链智能制造解决方案”基于自主研发的新型高效工艺及过程质量在线测控、饮片智能化炮制、多维海量生产过程数据库及大数据挖掘、先进生产制造执行及智能化控制等关键技术，设计了中药生产全产业链的智能化、管控一体化系统，使数据自动采集率达95%，提高了20%的生产效率，降低了20%的运营成本。

（二）自动化

目前，服务端的中药饮片机械自动化发展较好，其中中药饮片智能调剂系统与智能煎药系统的自动化程度较高。

（三）智能化

未来中药制造过程将实现智慧生产模式，集成自动化、信息化与智能化等关键技术和装备，结合先进的制造模式、制造系统与组织管理方式，以达到制药过程的网络化、智能化、精密化、快速化和柔性化。智能信息的收集与反馈将彻底改变制药企业的生产方式、管理方式和设计方式，使制药企业通过整合现代信息技术，结合系统工程技术与过程分析技术（PAT）等先进制造技术，建立以“数字化、智能化、集成化”为特征的中药智能制造生产车间及技术体系。中药的智能制造必须提升自主创新能力，以标准化、数字化、网络化、智能化为主线，以资源节约、环境友好的绿色制造为重要方向，实现符合中药特点的相关智能化高端装备、数字化制药技术、制造过程智能化技术与系统、关键支撑技术及基础核心部件的突破，建立智能装备、智能工厂、智能服务、工业软件和大数据、工业互联网等 5 类关键技术标准，构建中药绿色智能制造标准体系，推动中药制造业转型升级。

四、中药饮片机械设备分类

目前，中药饮片机械设备仍主要聚焦于设备联动化和自动化，根据加工药材的情况不同，选择一类或几类设备，利用提升机、输送机等进行串联，以红外传感器等作为信号连接设备，以可编程控制器（PLC）作为总控设备，完成从药材拆包、截断、筛选、除尘、水洗至干燥的过程，在每个单元设备上增加气动、电动或计数逻辑控制功能，实现总控设备对于各单元设备的启停、联锁等逻辑控制，完成整个生产线的联动和自动运行。GMP 要求与药品直接接触的生产设备表面应当平整、光洁、易清洗或消毒、耐腐蚀，接触药品的材料应不与药品发生化学反应、不吸附药品或向药品中释放对药效有影响的物质。因此，中药饮片机械材质经过升级，多为奥氏体不锈钢，如 316L 不锈钢、316 不锈钢、304L 不锈钢、304 不锈钢等金属材质，特殊部位也可能为非金属材质，如卫生级油尼龙、聚酰胺纤维、聚丙烯、聚甲醛、聚四氟乙烯、卫生级或医用橡胶等，以符合 GMP 的设备要求。在单机自动化方面，由原来的数字显示发展为可视化触屏显示，PLC、变频器、伺服控制、可视化操作界面等自动化技术得到了比较广泛的应用。

依据国家标准《制药机械产品分类及编码》（GB/T 28258—2012）对于饮片机械的名称分类，饮片机械分为净制机械、切制机械、炮炙机械、药材烘干机械、辅助中药机械、其他机械 6 类，共 60 余种，目前，载入各级标准的饮片机械仅有 13 类，标准缺失严重，相关部门应予重视。

中药饮片设备及自动化生产线的情况如下。

（一）净制设备

1. 筛选设备

筛选设备用于各种形状、大小的中药饮片的筛选分级，分离非药用部位或杂质、灰屑。筛选设备从平面式振动筛、直线振动棒条筛、滚筒筛草机发展到柔性支承斜面筛选机、超声波振动筛、多元旋振筛等，筛分效率和精度均有提高。

2. 风选和磁选设备

风选和磁选设备用于分离毛发、棉纱、石块、铁器、泥沙等杂质。风选和磁选设备从单频风选机逐步发展为变频风选机。

3. 清洗设备

清洗设备用于去除中药表面的泥沙、杂质等。干洗设备主要是旋转式干洗机；水洗设备主要由洗药池等逐步发展为旋转式洗药机、喷射式清洗机、鼓泡式清洗机、直线网带喷淋式清洗机等，部分水洗机增加了超声波清洗、高压水清洗等功能。

4. 去皮去毛设备

近年来，去皮去毛设备主要有毛棍清洗去皮机、撞皮机等，用于除去茯苓、苍术、黄芩等药材的须根、根皮或栓皮。由食品行业引入的脱皮机，主要用于果实、种子类药材的脱皮。

5. 色选设备

色选设备利用物料光学特性的差异，使用光电探测技术将颗粒物料中的异色颗粒自动分拣出来。中药材色选机，采用色选方法分拣颗粒状、片状、叶状药材，如半夏、枸杞子、白芍、酸枣仁、决明子、黄芪等，是近年来由食品行业引入的新型分拣设备。

（二）药材软化设备

洗药池、润药池，用于易于软化的药材，设备结构较为简单，而中药饮片生产企业为满足加工需求，对设备进行了改进，如增加搅拌装置、提料装置、喷淋雾化装置等。2005 年前后开始研制的真空气相置换润药机常用于软化质地坚硬、贵细药材，近年来，该仪器的应用更加广泛。

（三）切制设备

传统饮片切制多采用手工切药刀，切药刀可切制多种规格的饮片。如采用机械设备切制饮片的片、段、丝、块、丁等，则需要使用多种设备。目前，该类设备是中药饮片生产企业中类型最为丰富的设备。常见的直线往复式切药机、变频调速切片切段机、转盘式切药机、离心旋料式切药机、滚刀式切药机、柔性带切截机、多功能精切机，常用于切制质地不太坚硬的各种中药材，在具体生产实践中，需要根据具体品种选择不同的适用设备。新型切制设备应用于团块、坚硬、质黏的中药材，如刨片机常用于切制根茎类药材的纵切片，斜切式切片机用于切制斜片、柳叶片、马蹄片，切丁机则用于切制葛根、茯苓、天花粉、何首乌，立式气动盘式切药机用于切制半夏、生地黄、玄参、肉苁蓉等黏性药材。除以上切制设备外，还有为某些特殊品种研制的专用切制设备，如打碎木藤类药材的切碎机、参茸切片机、阿胶切片机和切丁机、山药切片机、杜仲切丝机、条式开片机等。

（四）粉碎设备

粉碎设备有破碎和粉碎 2 种功能。破碎是将大块药材粉碎成小块，便于除杂、调剂或继续粉碎。粉碎则是将药材粉碎成不同粒度的粉末。常用的粉碎设备有中药破碎机、锤式破碎机、颚式粉碎机和刀式破碎机等，其中中药破碎机和锤式破碎机用于一般药材的破碎，颚式粉碎机多用于坚硬、脆性的药材，刀式破碎机用于破碎坚硬的根、藤和各种角质类动物药。另外，从中成药生产中引入的万能粉碎机、柴田粉碎机、振动磨、气流粉碎机、低温粉碎机等，根据不同粒度药材的粉碎要求，可将中药饮片加工成微米级甚至纳米级的微粒。

（五）炒制设备

炒制设备是最早开始研制和使用的炮炙机械，主要分为平锅式炒药机和滚筒式炒药机，这 2 种设备现在仍在使用。新设备改变的主要是炒制设备的热源及自动控制系统，从温度较难控制的燃煤、燃油，逐步转变到易于实现温度自动控制的天然气、电磁或微波热源。中药饮片生产企业越来越广泛地使用电磁加热的炒药机，这种炒药机可用于中药材的清炒、炒炭、辅料炒等；电磁搅拌摇锅，用于乳香、没药等树脂类药材的炮制；电磁加热砂烫机，常用于鸡内金的炮制。炒药机的自动控制也从数字显示发展为可视化触屏显示，不同部位的多个温度感应器对设备温度的监控可实时反映到触屏上，且触屏也较易于操作。

（六）炙制设备

新研制的鼓式炙药机、平转式球形炙药锅等多用于中药材的蜜炙、酒炙、醋炙等，这些设备多引入喷淋装置等以便加入液体辅料，改进搅拌桨等以适应易黏性质的蜜炙等，采用可视化触屏监控以实时监控温度、转速等工艺条件。

（七）煅制设备

煅药炉原来多采用耐火砖自制，而设备生产企业研制的煅药机多为马弗炉结构，以燃油、电或电磁作为热源进行加热，使容器内物料升温，达到药材煅制的目的。高温煅药机的温度最高可达1 200 ℃，中温煅药机一般不超过800 ℃，煅药机可用于矿石、贝壳、植物类药材的煅制。

（八）蒸煮设备

常温蒸煮设备有可倾式夹层锅，技术较新的加压蒸煮设备有热压智能蒸煮机，蒸汽压力为0.1～0.3 MPa，蒸煮温度为100～142 ℃，增加了压力变送器、磁性浮子液位计等自动控制原件，采用PLC技术实现温度、时间、压力、液位的在线控制。蒸煮设备可用于药材的蒸、煮、炖、燀及炼蜜等。

（九）干燥设备

常用干燥设备有热泵循环烘房、热风循环烘箱、翻板式烘干机、网带式烘干机、隧道式烘干机，南方地区也常用热风穿流式烘干箱等。近年来，脉动真空式干燥机、微波中药烘干机、低温真空干燥机等新型干燥机械设备也逐步用于中药饮片的干燥。

（十）包装设备

中药饮片包装环节是中药饮片生产过程中最消耗人工、效率较低的环节。近年来，中药饮片的包装设备借鉴了食品和中成药的包装设备，并根据中药饮片的特点进行了改进，使包装环节成为中药饮片生产过程中自动化程度较高的环节。包装设备主要包括多头秤包装机、自动袋泡茶包装机、中药粉定量灌装机、真空包装机、条状带中药粉自动包装机、塑料袋连续封口机等。包装规格也多种多样，如不同规格中药饮片自动多头组合秤包装机可完成1～5 000 g不同包装规格的自动包装，自动完成产品多列自动定量计量、自动充填、自动制袋、封口、切断、打印生产日期等功能，大大提高了包装环节的生产效率。

（十一）其他设备

设备生产企业还根据中药饮片生产企业的要求研发或定制了新型设备，如发酵用发酵室或发酵箱、水飞用球磨机、热压制霜用自动制霜机、干馏用干馏机等。

（十二）自动化生产线

部分大型电磁炒药机将饮片炒制的各个工序紧密连接，从一端投入生饮片，设置炒药机的温度、时间、炒制速率、传输速度、热气流等工艺参数，从另一端生产出炮制好的饮片，实现连续生产，再利用给料机、提升机、输送机、挑选输送机等输送设备，将各单元设备连接在一起，构建自动化连续生产线。目前，中药饮片生产企业都是根据饮片生产的需求定制中药饮片自动化生产线，比较成熟的生产线有“净－润－切－干燥”自动生产线、炒制生产线、调剂－煎煮－包装生产线等。

21 世纪以来，在国家政策及大健康产业、信息技术发展的推动下，饮片炮制设备得到了快速发展，中药设备行业正积极探索新的发展方向，现代科技为炮制设备及炮制工艺的新发展“赋能”。“电子眼”“电子鼻”“电子舌”等传感技术，与炮制工艺参数和可编程控制器配套，为蒸煮、煅制及其他炮制设备在线控制产品的研发，以及炮制单元装备智能化的逐步实现指明了方向。尤其是近几年，互联网及人工智能开始应用于饮片炮制设备上，这促使炮制设备向自动化、信息化、智能化方向发展，提高了中药饮片炮制设备的科技含量。

第三节　中药饮片质量评价技术

一、传统质量评价技术

（一）传统质量评价技术方法

传统质量评价方法以传统经验（外观、颜色、气味等）为基础，对中药进行“辨状论质”。《神农本草经》就具备了中药的鉴定方法；《本草经集注》记载了中药火烧试验、对光照视的质量鉴定方法；而从唐代的《新修本草》到现今的《中国药典》，均广泛应用了传统鉴别方法。

表面特征是区分不同中药的依据，不同中药药用部位不同，形态不同，对药材特征的描述方式也多种多样。如防风根头部的横环纹习称“蚯蚓头”，“马头蛇尾瓦楞身”是海马的特征，何首乌横切面可见“云锦状花纹”，商陆横切面有“罗盘纹”，白芥子表面具细微的网纹，紫苏子表面有网状纹理等。

色泽通常是饮片质量的表征之一，颜色与成分相关联。如黄芩的主要成分为黄芩苷、汉黄芩苷等，如果储存及炮制不当，则黄芩苷会在酶的作用下水解为葡萄糖醛酸和黄芩素，而黄芩素易氧化成醌类物质而显绿色。故可从色泽上直观地判断出黄芩质量的高低。

气味一般与挥发性成分的含量呈正相关。有些饮片具有特殊的臭气或香气，如檀香具有特异芳香气，阿魏具有强烈蒜臭气；伞形科、唇形科的中药饮片常因含挥发油，所以具有明显而特殊的香气，如白芷、薄荷、紫苏叶等。

“神农……尝百草之味，水泉之甘苦，令民知所避就”，这是我国最早用味道来辨别药物的实例。乌梅、木瓜、山楂含有机酸，以味酸为佳；甘草含甘草甜素，党参含多糖，甘草、党参以味甜为佳；黄柏、黄连含小檗碱，愈苦愈佳；如药材味感改变，则有可能是品种和质量存在问题。

饮片外观可以假乱真，如三七疗效显著，价格昂贵，不法商贩常以竹节参、菊三七等充作三七销售。原料药材栽培品逐年增多，脱离道地生长环境，性状等时有变异，如防风栽培品蚯蚓头消失，质地柔韧，主根多分枝，断面凤眼圈不明显，裂隙少或无，指标成分含量低；栽培的前胡药材根茎处无纤维状叶鞘残基，而具膜质叶鞘残基，指标成分含量很难合格。地区用药习惯不同导致品种混乱，如五加皮为五加科植物细柱五加的干燥根皮，而北方大部分地区以来源于萝藦科植物杠柳的根皮香加皮作五加皮使用。中药的特殊性和复杂性，使得饮片的传统质量评价技术面临着重大挑战。

（二）传统质量评价技术的创新

通过性状判真伪、定质量的传统质量评价对人员的经验要求较高，个人主观性较大，难以量化。随着现代科学技术的发展，现代智能感官仪器逐渐用于中药饮片的外观评价中。

刘瑞新等基于电子眼技术对中药川贝母的真伪及规格进行了快速辨识研

究，该研究通过对比传统经验辨识法、现代药典辨识法、电子眼辨识法对川贝母真伪、等级的辨识，发现电子眼辨识法的辨识正判率和传统经验辨识无显著差异。该技术利用电子眼提取了80批川贝母样品的光学数据，并借助化学计量学方法建立了适宜的辨识模型，实现了对未知样品的辨识，能够对中药饮片的质量做出相对快速、准确的评价。

饮片大小是质量评价的重要一环，“看货评级、分档定价”是中药市场的传统，评级往往以色泽、质地、厚度、长度等作为指标。近年来，广大医药工作者对中药饮片的规格等级研究如火如荼，涌现了“传统经验鉴别结合现代含量测定法”“两步法”“质量常数法”“复合质量常数法”“聚类分析法”“数学模型方程法”等评价方法，这些方法均可有效地对饮片进行多因素的规格等级划分。

现代科学技术可以利用色彩色差仪判定饮片颜色，色彩色差仪可以区分不同种植方式的防风饮片外观颜色的差异，为防风饮片的分级奠定了基础。此技术也可应用于炮制后饮片的颜色分析，有利于解决人为主观性导致的色彩识别偏差。

模拟味觉感受的技术，被称作电子舌技术，该技术主要通过模拟人的舌头对待测样品进行分析、识别和判断，采用多元统计方法对得到的数据进行处理，快速地反映出样品的整体质量信息，实现对样品的识别和分类。电子舌是一种以多传感阵列为基础，感知样品的整体特征响应信号，对样品进行模拟识别和定量定性分析的检测技术。电子舌不仅能够对具有酸味、甜味、苦味等多种味道的常用饮片水煎液进行精确辨识，同时还可应用于炮制品的定性定量分析，以此判定其炮制的火候。

二、现代质量评价技术

（一）现代质量评价技术的进展

随着中医药事业的现代化、国际化，中药饮片质量评价技术也随之蓬勃发展，先进仪器设备的不断更新和引进，使中药饮片质量评价技术从传统鉴别，逐渐向更精密和可量化的成分测定、指纹图谱、生物评价技术等方向发展。1977年版《中国药典》开始收载显微鉴别项目，代表中药饮片从以形、色、气味为主的性状分析阶段发展到了内部组织的显微分析阶段。20世纪70

年代，现代分析化学等学科领域的研究成果广泛应用于中药饮片的质量控制，中药饮片分析进入了基于化学分析的理化分析阶段。20 世纪 90 年代，色谱、光谱、质谱等仪器分析技术开始应用于中药饮片中一种或多种成分的定性、定量分析。进入 21 世纪后，伴随着计算机技术的发展，现代分析技术与计算机技术相结合，用于中药饮片的质量评价，逐步减少了人为主观性误差。同时，随着药品安全性要求的提高，质量评价体系中增加了农药残留、重金属及有害元素、黄曲霉毒素等安全性指标。2020 年版《中国药典》扩大了成熟的检测技术在质量评价中的推广和应用，使评价方法的灵敏度、专属性、适用性及可靠性显著提升，如新增的 PCR 法、DNA 测序技术等，推进了分子生物学检测技术在中药饮片、动物组织来源材料、生物制品起始材料、微生物污染溯源鉴定中的应用；新增的 X 射线荧光光谱法用于元素分析，转基因检测技术应用于重组产品活性检测。

（二）现代质量评价方法

1. 显微分析方法

显微鉴别的仪器除常用的光学显微镜、偏光显微镜、荧光显微镜外，还包括激光共聚焦扫描显微镜、扫描电镜联用仪、原子力显微镜等。激光共聚焦扫描显微镜可对苦参碱和小檗碱进行动态测定。原子力显微镜用于超分子聚集体及细胞的观察，如多糖分子结构的研究等。

2. 光谱分析方法

光谱分析法包括紫外 – 可见分光光度法、红外分光光度法、荧光分光光度法、原子吸收分光光度法、电感耦合等离子体质谱法、质谱法等。

紫外 – 可见分光光度法已成为中药饮片质量评价中的常用方法，用于淫羊藿的总黄酮、枸杞子的枸杞多糖等成分的测定。

近年来，红外分光光度法的应用逐渐增加，如 2020 年版《中国药典》中，石膏增加了红外分光光度法特征吸收峰的鉴别。

原子吸收分光光度法和电感耦合等离子体质谱法主要用于中药饮片重金属及有害元素的检查，目前，应用这 2 种方法的品种已增加至 28 个。在这 2 种方法中，电感耦合等离子体质谱法更方便、快捷，但仪器价格也更高。

目前，质谱法已实现了与多种分离技术的联用，常见的有气相色谱 – 质谱联用、液相色谱 – 质谱联用，2020 年版《中国药典》中新增的药材及饮片

（植物类）禁用农药测定，使用的就是气相色谱－质谱联用、液相色谱－质谱联用技术。同时，液相色谱－质谱联用也是川楝子含量测定、千里光阿多尼弗林碱等定量测定的技术手段。

3. 色谱分析方法

常用于中药饮片质量评价的色谱法有薄层色谱法、高效液相色谱法、气相色谱法等。

高效液相色谱法是中药饮片质量评价中最为常见的方法，方法除了常规的定量测定，还衍生出基于指纹（特征）图谱技术的饮片质量评价。目前，相关学者已对多种饮片进行了指纹图谱研究，如葛根、黄芩、木瓜、金银花、天麻等，指纹图谱可以实现对中药物质群整体的控制。一测多评法是一种多指标质量控制的方法，2006 年开始逐渐成为常规、主流的检测手段，如测定淫羊藿的总黄酮醇苷、丹参的丹参酮类有效成分等。此方法也常与指纹图谱技术联用，用于中药的质量控制。

气相色谱法主要用于测定中药中的挥发性成分，如龙脑、芳樟醇、1,8－桉树脑等，目前，2020 年版《中国药典》中已有 19 个品种使用气相色谱法进行定量分析。

4. 生物检定方法

随着生命科学的不断发展，分子生物学技术日趋成熟，DNA 分子检测等生物遗传多样性检测方法也日趋普及，较为成熟的生物遗传多样性检测有川贝母、蕲蛇等的 PCR 测定。2020 年版《中国药典》新增了霍山石斛的 DNA 分子检测，而更多品种如降香、穿山甲等的 DNA 分子检测也在持续研究中。

近年来，随着业界对中药安全和质量的认识逐渐加深，以《中国药典》为代表的强制性国家标准对中药检测技术的要求不断升级，中药材、饮片的安全性指标和检验项目日益增多，涉及的检验技术和方法也呈现出高技术化、高端仪器化的发展态势。

·第五章·

中药饮片市场及质量追溯

第一节 中药饮片市场分析

一、中药饮片国内市场构成

中药饮片的国内主要消费市场包括医院、诊所、药店、网上药店等。中药饮片消费市场占比情况见图5－1。其中，综合医院和中医医院是最大的中药饮片消费市场，许多消费者倾向于从医院购买药品。随着医保覆盖人群的增加，该消费市场的份额将持续增加。诊所是第二大中药饮片消费市场，在一些没有大型医院的偏远地区，诊所非常受欢迎。药品零售店是第三大中药饮片消费市场，相对于其他渠道来说，消费者从药品零售店购买药品比较方便，随着药品零售店连锁商业化的形成，该消费市场的份额将会不断增加。

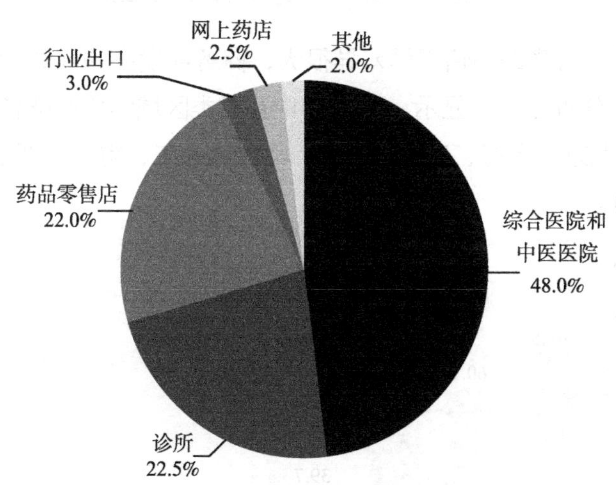

图5－1 中药饮片消费市场占比

《中国中药配方颗粒行业发展趋势分析与未来前景预测报告（2022—2029年）》提供的数据显示，2011—2021年，中药饮片的国内市场规模逐年扩大，2013年突破1 000亿，2018年达到2 000亿元以上，2021年接近3 000亿元。

国家统计局、工业和信息化部及《2019年中国中药材市场规模、进出口情况、中药材消费市场及中药材市场发展趋势分析》等提供的数据显示，

2011 年中药饮片行业主营业务收入 854 亿元，2021 年中药饮片行业主营业务收入2 057亿元，是 2011 年的 2.46 倍（图 5 - 2）。

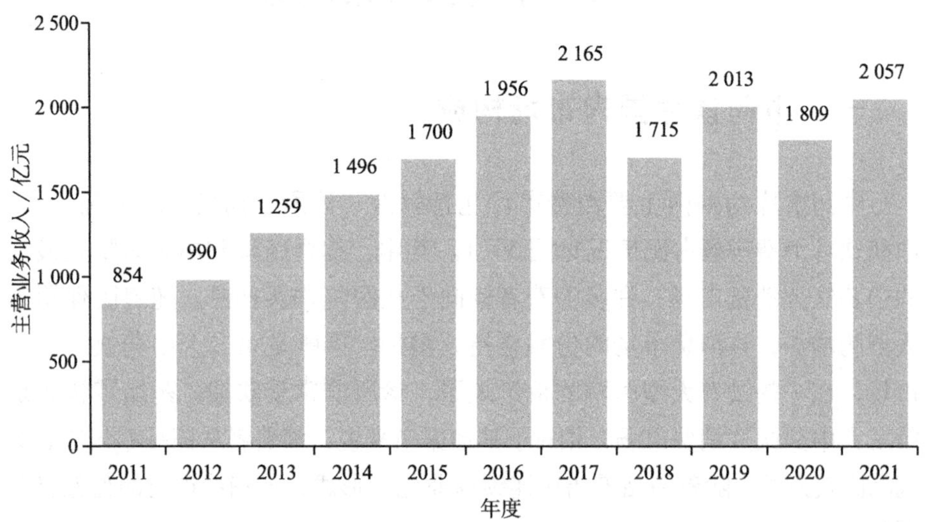

图 5 - 2　2011—2021 年中药饮片行业主营业务收入

中药饮片在各省的销售规模差异很大，商务部发布的《2020 年药品流通行业运行统计分析报告》显示，2020 年中药材类区域销售额排名前 10 位的省（直辖市）为北京、上海、广东、浙江、河北、山东、重庆、湖南、江苏、四川（图 5 - 3）。

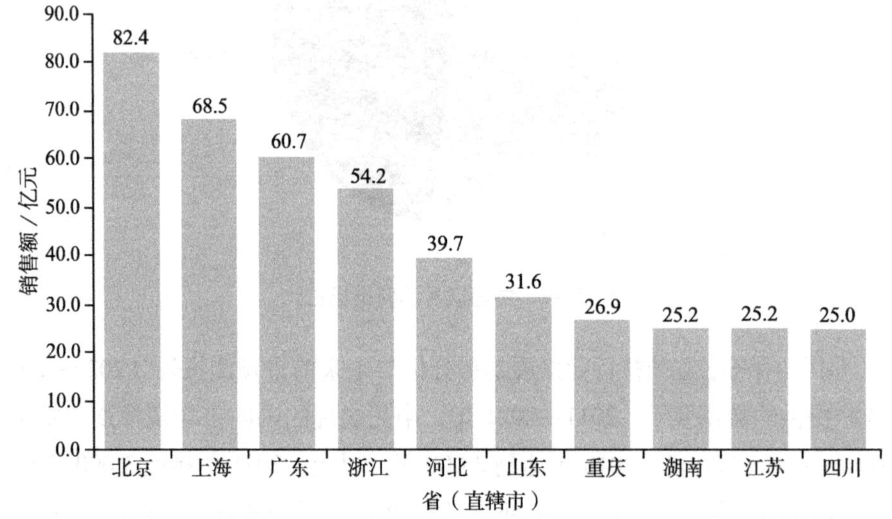

图 5 - 3　2020 年中药材类区域销售额排名前 10 位的省（直辖市）

《2019—2026 年中国中药饮片行业发展前景分析及发展策略研究报告》提供的数据显示，按销售规模由大到小排列，我国的六大地区依次为华东地区、华南地区、华中地区、华北地区、西南地区、西北地区（图 5 - 4），各地区的中药饮片销售规模与各地区的经济发展状况和人均消费能力呈正相关。

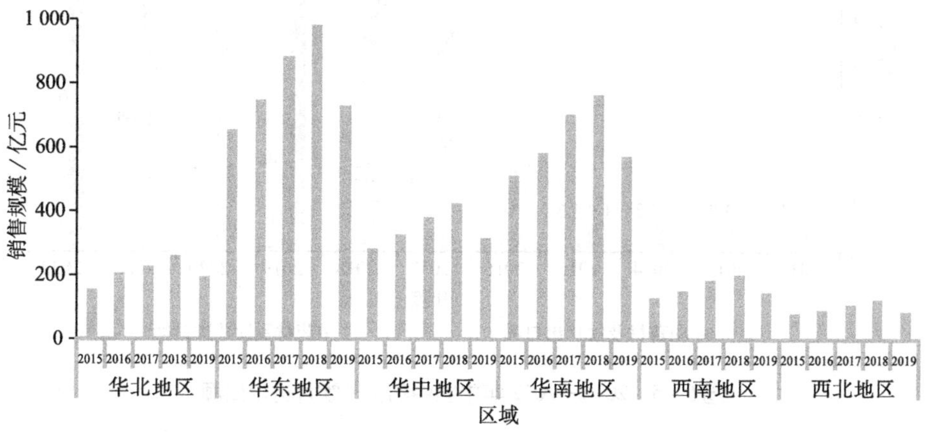

图 5 - 4　2015—2019 年国内六大地区中药饮片销售规模

二、中药饮片进出口情况

受文化、历史等因素影响，东亚、东南亚等地的国家和地区（日本、韩国等）对中药饮片有着良好的认知和使用基础，对中药饮片的需求量较大。欧美国家一般以食品或膳食补充剂形式使用中药材，随着华人在欧美等地的分布逐渐增多，中药饮片在欧美某些地区，特别是华人社会的知名度较高，存在一定的需求量。欧美、日本等发达国家一般都有特定的中药饮片进口标准，包括农药、重金属等及有害元素、二氧化硫残留及黄曲霉毒素等，对特定品种的中药饮片也会进行限制，但一般没有显著的配额、关税等壁垒。由于中药饮片一般以原材料的形式出口，因此，海关统计中药饮片进出口数据时多与中药材合并计算。

中国医药保健品进出口商会、中国海关的数据统计结果显示，2012—2022 年，中药材及饮片进出口额均呈增长态势；2012 年进口额为 1.3 亿美元，出口额为 0.1 亿美元；2021 年进口额为 5.4 亿美元，出口额为 13.5 亿美元；2022 年进口额为 6.1 亿美元，出口额为 14.0 亿美元，分别增长至 2012 年的 4.7 倍和 127.5 倍（图 5－5）。

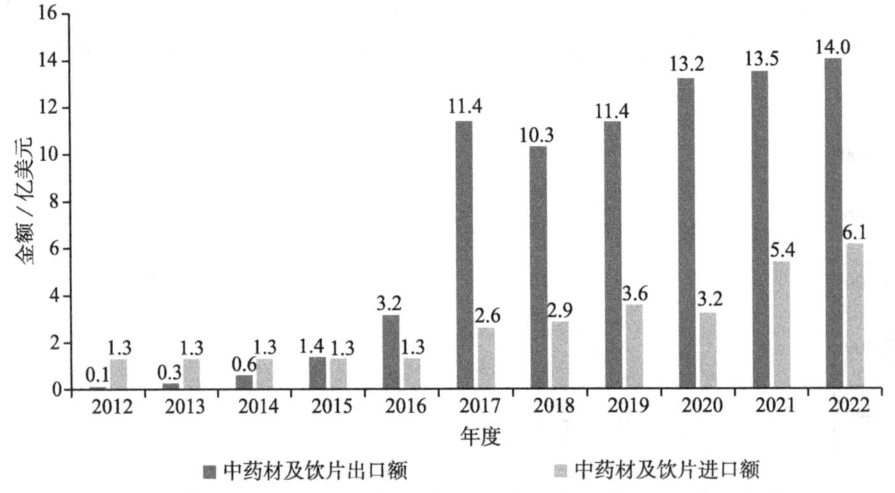

图 5－5　2012—2022 年中国中药材及饮片进出口额

2021 年，我国中药出口总额为 50.0 亿美元，其中中药提取物出口额为 30.3 亿美元，占比 60.60%；中药材及饮片出口额为 13.12 亿美元，占比 26.24%；保健品出口额为 3.48 亿美元，占比 6.96%；中成药制剂出口额为 3.1 亿美元，占比 6.2%。

2022 年，我国中药出口额为 56.92 亿美元，其中中药提取物出口额为 35.28 亿美元，占比 61.98%；中药材及饮片出口额为 14.02 亿美元，占比 24.63%；中成药出口额为 3.80 亿美元，占比 6.68%；保健品出口额为 3.82 亿美元，占比 6.71%（图 5－6）。

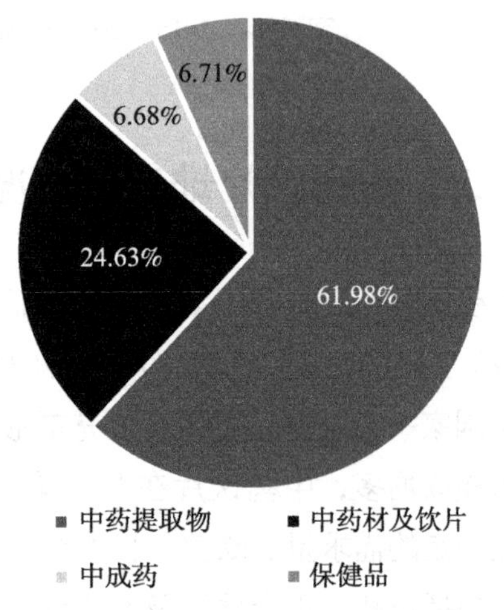

图 5－6　2022 年各类中药产品出口占比

第二节　中药饮片质量追溯体系

中药饮片质量追溯体系是以信息技术为手段，以风险管理为基础的医药安全保障体系，应用于中药饮片的生产、使用等全链条环节。该体系利用高效完整的先进技术，赋予每批中药饮片唯一的“身份证”，确保中药饮片有完整真实的过程记录，实现对中药饮片的全过程管理和控制，以便对发生质量问题的中药饮片进行“事后”调查、产品召回和责任追溯。

一、国家相关政策指导要求

2010 年 11 月，第三届中医药现代化国际科技大会提出了中药材质量可追溯体系的概念。

2011 年，《国家药品安全规划（2011—2015 年）》指出要“建立中药材流通追溯体系，促进常用中药材规范化生产”。

2012 年 10 月，商务部办公厅印发了《商务部办公厅　财务部办公厅关于开展中药材流通追溯体系建设试点的通知》，支持河北保定市等 4 市开展中药材流通追溯体系建设试点。

2013 年 10 月，商务部等八部门发出了《食品药品监管总局等部门关于进一步加强中药材管理的通知》，该通知提出建设中药材流通追溯系统。

2015 年 4 月，《中药材保护和发展规划（2015—2020 年）》提出构建中药材质量保障体系，首次明确了中药材追溯的主要环节和目标。2015 年 12 月，《国务院办公厅关于加快推进重要产品追溯体系建设的意见》（国办发〔2015〕95 号）指出：各地区和有关部门围绕食用农产品、食品、药品、稀土产品等重要产品，积极推动应用物联网、云计算等现代信息技术建设追溯体系。

按照《国务院办公厅关于加快推进重要产品追溯体系建设的意见》的要求，2017 年 2 月，商务部、原国家食品药品监督管理总局等七部门联合发布了《关于推进重要产品信息化追溯体系建设的指导意见》（商秩发〔2017〕53 号），该意见将中药材追溯体系建设列为药品追溯体系建设的重点之一。2017 年 10 月 25 日，原国家食品药品监督管理总局发布了《中药材生产质量管理规范（修订稿)》并征求意见，该规范提出企业应当建立中药材追溯体系，保证从生产地块、种子种苗或种源、种植养殖、采收和产地初加工、包装储运到发运的全过程实现可追溯。

2018 年，国家药品监督管理局指出以实现“一物一码、物码同追”为方向，推进建设药品信息化追溯体系，实现全品种、全过程追溯。

2019 年 4 月 19 日，国家药品监督管理局组织发布了《药品信息化追溯体系建设导则》和《药品追溯码编码要求》2 项信息化追溯标准。

2019 年 5 月 31 日，商务部等七部门联合发布了《关于协同推进肉菜中药材等重要产品信息化追溯体系建设的意见》，对中药材产品信息化追溯体系建设做出部署。

2019 年 8 月 23 日，国家药品监督管理局发布了《药品追溯系统基本技术要求》，以进一步明确药品追溯体系的要求。

河北、安徽、山东等省相继出台了中药饮片生产环节信息化追溯体系建设推进工作方案，明确了追溯体系建设工作的总体要求和推进步骤。

二、中药质量追溯体系的实施进展

我国开展中药材追溯体系建设始于 2012 年，至今已走过了 10 年时间。在 10 年的探索中，中药材追溯体系的建设也在不断发生着新的转变。

（一）从流通市场入手，开始追溯试点（2012—2014年）

商务部和财政部以国家财政资金支持了 4 个中药材市场和 18 个省的中药材流通追溯试点工作，相关部门制订工作计划和追溯标准规范要求，研发追溯平台系统软件，提出“来源可知、去向可追、质量可查、责任可究”的追溯目标和标准规范。在启动中药材流通追溯工作初期，政府相关部门提出了中药材追溯的目标任务、标准规范和工作要求，为追溯试点提供了财政资金支持，正式开启了国家中药材追溯体系建设。以中药材市场为主体的流通追溯、由政府主导设计的国家流通追溯平台和第一代追溯系统促进了追溯体系与产业的对接，为之后的全面开展追溯体系建设总结了宝贵的经验和教训。

（二）以企业为主体，实施全过程追溯（2015—2016年）

国务院办公厅和原国家食品药品监督管理总局发布了 3 个重要文件，进一步明确了中药材追溯的工作目标和主要任务：①要建立覆盖主要中药材品种的全过程追溯体系，即建立中药材从种植养殖、加工、收购、储存、运输、销售到使用全过程追溯体系，实现“来源可查、去向可追、责任可究”的总体目标，并积极推动中药生产企业使用来源明确的中药材原料；②以推进药品全品种、全过程追溯与监管为主要内容，建设完善药品追溯体系，重点抓好经营环节电子监管全覆盖工作，继续推进医疗信息系统与国家药品电子监管系统对接，形成全品种、全过程完整追溯与监管链条；③食品药品生产经营者应承担食品药品追溯体系建设的主体责任，对其生产经营的产品实现“来源可查、去向可追”的目标。中药材追溯由政府主导转变为以企业为责任主体，政府重点负责制定追溯标准规范，不再向追溯企业和技术服务平台提供资金支持。少数先行企业，如中国中药有限公司、四川新荷花中药饮片股份有限公司等，相继自主开发了中药材追溯系统，建立企业内部的追溯体系，在行业中发挥了引领作用，在探索追溯创新道路上取得了宝贵经验。

（三）分类分步，实施信息化追溯（2017—2018年）

商务部等国家多部委发布《关于推进重要产品信息化追溯体系建设的指导意见》，该意见提出了重要产品信息化追溯体系建设的基本原则、建设目标、主要任务和保障措施，要求以落实主体责任为主基调，以信息化追溯和互联互通、信息共享为主要方向，突出中药追溯体系建设。国家药品监督管理局发布《国家药监局关于药品信息化追溯体系建设的指导意见》，该意见进一步要求按药品剂型、类别分步推进药品信息化追溯体系建设，明确指出由各省（区、市）药品监督管理部门分工负责，先由疫苗等重点产品开始，再拓展到原料和饮片药材。在此期间，一批第三方追溯服务平台先后建成，为全面推动中药材追溯体系建设提供了技术支撑和平台服务。国家中医药管理局在组织实施国家中药标准化专项的过程中，对101种中药饮片和59种中成药提出了“从种子种苗开始，药材种植、饮片炮制、成药制剂”全过程建立追溯体系的要求，全面推进中药材追溯体系建设，取得了较好的进展和经验，特别是中国中药有限公司等中药企业依托国家中药标准化专项的实施，联合追溯技术服务平台和科研单位，发起成立了中国中药协会中药追溯专业委员会，并由中药追溯专业委员会牵头建设了中药追溯服务平台，为会员企业提供中药材追溯的全方位服务。

（四）饮片追溯立法，生产销售全程追溯（2019—2022年）

新修订的《药品管理法》于 2019 年 12 月 1 日起施行。第三十九条明确规定，中药饮片生产企业对中药饮片生产、销售实行全过程管理，建立中药饮片追溯体系，保证中药饮片安全、有效、可追溯。前些年部分中药饮片生产企业与中药材种植企业已建立了合作关系，目前正在部署如何落实中药饮片原料追溯，并将其作为重点研究解决的关键问题。通过 10 年的追溯试点、探索和深化，中药行业对追溯体系建设的重要性和迫切性有了比较深刻的认识。部分先行中药企业积极探索建立自己的中药材原料基地和中药质量管理体系，应用信息化技术及网络化技术建立企业产品的追溯信息管理系统，为客户提供了基于互联网应用的查询与数据分析等服务；并针对存在的现实问题和政策困扰，努力改进和完善中药饮片追溯体系，以适应中药产业高质量发展的现实需要。

三、中药质量追溯体系的具体实施情况

中药材追溯体系建设的关键是建设信息化的追溯平台。实现规范化和标准化追溯，需要设计开发适用于中药材的种植养殖、田间管理、采收加工、饮片和中成药生产质量过程管控系统，规范不同生产方式和产品类型的追溯信息采集、传递、识别和查询的追溯信息管理系统，制定追溯信息交换平台的数据接口标准、系统操作规范等。针对信息化程度较低的种植企业、合作社和生产基地，有关主管部门、行业组织应提供追溯技术咨询与专业支持，对中药材追溯的编码标准、射频识别技术（RFID）及相关技术标准的应用开展培训和推广。

2007 年 12 月，中国物品编码中心天津分中心等单位共同开发了“中药材种植溯源管理系统”，该系统是中药企业自主建设并应用于中药材种植基地的追溯系统。2009 年，成都中医药大学与四川新荷花中药饮片股份有限公司、华润三九（雅安）药业有限公司等组成产学研创新联盟研发了“中药溯源系统”（V1.0），该系统实现了种植－加工－流通环节的全程追溯，这是商务部委托开发的第 1 个中药材流通追溯系统。2012 年，中国中药有限公司成立药材溯源项目办公室，委托成都中医药大学数字医药研究所开发完成一套拥有自主知识产权的“中药质量追溯系统”（V2.0），该追溯系统具有药材种植、

饮片生产、商业流通、统计分析和查询服务5大功能模块。2016年，国家中医药管理局组织实施国家中药标准化建设项目，针对59种中成药大品种和101种常用中药饮片开展从药材种植到饮片、中成药生产全过程的生产规范和产品标准化建设，把追溯体系建设作为专项的重要内容。在企业追溯体系建设的基础上，由中国中药协会组织，依托中国中药有限公司投资开发的“中药质量追溯系统”，建成了中药材和中药饮片追溯行业服务平台，中国中药协会会员企业可免费试用该平台。

2019年，中国中药协会中药追溯专业委员会组织行业企业制定并发布了《中药追溯体系实施指南》《中药追溯信息要求　中药材种植》《中药追溯信息要求　中药饮片生产》《中药追溯信息要求　植物类种子种苗生产》4项团体标准，为中药企业中药材追溯体系建设和实施提供了有力支撑和专业指导。2021年，中国中药协会中药追溯专业委员会对“中药质量追溯系统”进行了全面升级改造，该系统拥有PC版、APP版及小程序版等3个不同版本，可满足协会会员企业各种追溯需求，应用于国家相关课题项目及行业企业中。中国中药协会中药材种植养殖专业委员会、中国中药协会中药饮片专业委员会、云南省中药材种植养殖行业协会、上海中药行业协会等国家级和省级中药行业协会都为推进中药材追溯体系建设做出了重要贡献。信息新技术在中药追溯系统建设上应用广泛，特别是云计算、大数据、物联网、可视化、区块链等已有不同程度的应用。经过实践与验证，一批技术落后的追溯服务商已被淘汰，一批技术先进且有实力的追溯服务商及应用服务平台被保留下来。

四、中药饮片质量追溯体系发展的未来展望

中药材追溯体系建设的核心是满足市场追溯需求、追溯体系建设和推广实施。目前中药材种植企业的可追溯产品缺乏强劲的市场拉动。中药材种植企业经济实力弱、专业技术人才少、管理投入较大、市场需求不充分、经济效益有限。受传统习惯的影响，中药饮片生产企业一直采用以保障医疗需要为目标的全品种生产供应模式。根据每个企业生产的品种规格，企业采购的原料药材至少有三四百种，因而中药饮片普遍存在“四多二高一低”的问题。“四多”即品种多、产地多、批次多、检测多；“二高”即成本高、风险高；“一低”即除少数销量大和价值高的大品种外，绝大部分中小品种销量少、利润低。中成药企业不能享受中药材的优质优价，直接影响到符合《中药材生

产质量管理规范》要求的中药材产品的市场需求。当前，部分企业对外宣称建立了企业中药材追溯系统，产品包装具备了二维码的追溯标识，但实施追溯的药材品种数量仍较少。有的企业只是做了一些试验或示范性追溯，大部分企业和绝大部分药材品种还没有实施追溯。追溯数据的真实性、完整性和准确性等经不起查验。企业和追溯平台间的数据信息非互通、非共享，孤岛化、碎片化现象普遍存在。需要重点关注的药材仍存在较大的质量风险。

中药材追溯服务平台的价值在于在对企业追溯信息进行管理的基础上，为企业提供安全、经济、实用的多功能增值服务，促进中药材产业链追溯信息互通共享，保证信息是真实而不可篡改的。追溯信息的采集可实时（如使用物联网技术）进行，或定时地与企业资源计划（ERP）系统、电子商务平台等进行有规则性的对接等。区块链与追溯系统融合，既是第三代追溯系统研发与应用的方向，也是让追溯平台真正发挥效能的关键。追溯服务平台与电子商务、农业技术推广、农资供应、检测检验等进行深度融合，拓展了追溯服务领域和新的服务功能，追溯系统移动版广泛应用，可让追溯系统的应用更加友好、快捷、方便、实用。在国家促进中药产业高质量发展和人们对高品质道地药材需求不断增加的新时代，利用先进的信息化追溯技术，解决当前中药材追溯体系建设中存在的问题，对确保中药材质量和促进中药产业高质量发展具有重要的意义。

·第六章·

中药饮片产业延伸服务

习近平主席在全国中医药大会上对中医药工作做出重要指示："遵循中医药发展规律，传承精华，守正创新，加快推进中医药现代化、产业化。"2016年12月25日第十二届全国人民代表大会常务委员会第二十五次会议通过的《中医药法》提出，国家鼓励科研机构、高等院校、医疗机构和药品生产企业等，运用现代科学技术和传统中医药研究方法，开展中医药科学研究，加强中西医结合研究，促进中医药理论和技术方法的继承和创新。

中医药是中华文明的文化瑰宝，是千百年来人类关于环境与身体、健康与疾病的智慧总结。在中医药文化逐渐普及的背景下，具备副作用小、配方灵活、治病调养相结合等优势的中药饮片开始逐渐被各国所接受，并且使用范围越来越广。2016年《中医药法》出台后，各省份逐渐将中药饮片纳入医保目录，中药饮片行业发展迅速，市场规模迅猛扩大。中药煎剂历史悠久，是中药饮片药用的最主要剂型。但由于中药饮片的复杂特性，煎煮方法有"先煎""后下"之分，火候有"文""武"之分，煎煮时间有长、短之别，并且汤剂不易外出携带。为解决上述问题，方便病人用药，中药饮片代煎配送一站式服务应运而生。

中药饮片代煎是传统中医药服务的延伸。中医医疗机构、中药饮片生产企业等推出的"中药代煎、配送服务"是一种新型的"互联网＋中医药药事服务"，是一条探索新服务产业和新增长点的有益之路。在新时代、新形势、新要求下，医疗机构、中药饮片生产企业要引入互联网、物联网等数字经济理念，开拓和创新中药饮片代煎服务、中药汤剂配送服务与中药个性化精准服务等多种服务。

第一节　中药饮片产业延伸服务现状

一、中药饮片产业延伸服务现状

中医药在我国拥有上千年的历史，其辨证论治的特点使得中药应用更加灵活，更适合个性化的诊断与治疗，中药汤剂是最常见的一种中药剂型，中药组方随证加减可以更好地适应每一不同个体的体质与疾病的变化，受到公众的普遍认可。过去，多由医生开具处方，中药房调剂中药，病人自行煎煮服用。随着现代社会的发展、生活节奏的加快，传统中药煎煮时间长的弱点降低了病人将中医治疗作为优选方案的意愿，在一定程度上制约了中医药的发展与推广。

近年来，随着医药行业、物流快递、城市交通的快速发展，为解决煎药时间长、工序复杂、时间成本高等问题，“医院－代煎中心－物流”的代煎配送服务应运而生。医院整合中药企业的优质资源，将企业、医院、病人、物流体系连接成一体化服务体系，形成了规模化的中药饮片代煎服务，加快了中药汤剂的配送速度，方便了病人。

目前中药饮片代煎、配送服务在城市中药行业中已具有一定规模，但仍存在一些问题及不足。首先，与中药饮片代煎、配送服务相关的法律法规尚不完善，代煎中药质量监管也存在诸多问题，如医疗机构外包煎药缺少监管部门、医疗机构外包煎药缺少法律规定、医疗机构外包煎药主要环节的质量管理难以保证等。其次，中药饮片代煎行业未制定统一的服务标准。此外，中药饮片储存、煎煮中药操作流程等方面同样存在一些问题。

二、中药饮片产业延伸服务市场需求

（一）市场现状

国家大力发展中医药事业，贯彻落实中西医并重的方针，建立符合中医药特点的管理制度，充分发挥中医药在我国医药卫生事业中的作用。据统计，2014—2019 年我国中医类医院煎药机的数量呈增长趋势，2019 年我国中医类医院煎药机的数量为 18 833 台（套），比上年增加 2 758 台（套），同比增长 17. 16%；其中，中医医院煎药机有 16 771 台（套），中西医结合医院煎药机有 1 494 台（套）。

中药煎药创新服务模式已展现出较大的发展潜力。据不完全统计，全国有 700 多家医院、中药企业、连锁药房能够提供中药代煎、配送服务。但受多种因素影响，中药饮片代煎、配送服务模式仍主要应用于国内一、二线城市。随着技术的进步与代煎中药的普及，国内三、四线城市，经济发达的乡镇都将成为中药代煎服务的较大市场。

（二）市场需求

2016 年国务院发布的《中国的中医药》白皮书中的数据表明，2015 年中医诊疗人次已经超过 9 亿。中药饮片是中医特色的重要组成部分，在中药煎药过程中，中药饮片煎煮方式显得尤为重要。

中药饮片代煎配送服务现已逐渐成为城市医院中药房新的服务模式之一，对中药代煎及配送全过程的监管与追溯，提高了病人的满意度。因此，构建完善中药饮片代煎、配送和个性化服务平台，建立完善的服务系统，为中药饮片代煎、配送和个性化服务提供质量保障，有助于拓宽中药饮片市场规模，促进中药饮片行业的发展。

第二节　中药饮片产业延伸服务发展趋势

一、中药饮片产业延伸服务体系的建立

（一）建立中药饮片代煎服务法律法规体系

中医药事业传承创新的快速发展，对我国中医药事业的规范管理提出了新的更高要求。早在 2009 年，为加强医疗机构中药煎药室规范化、制度化建设，保证中药代煎药的质量，原卫生部、国家中医药管理局发布了《医疗机构中药煎药室管理规范》，该规范对医疗机构中药煎药室的设施与设备、人员要求、煎药操作方法、煎药室的管理做出了规定和要求。

随着中医药事业的快速发展，中药饮片代煎中心数量逐渐增加。中药饮片代煎过程涉及中药安全性、有效性的管控环节，需要国家及各地方政府制定和出台相应的法律法规，对代煎各环节制定质量管理标准，严格规范代煎中心的生产工作。

（二）建立代煎中心监督体系

建立完善的代煎中药饮片处方审方、配方、煎煮及发药等关键环节的管理和质量管控体系，是保障中药代煎服务规范化运行的必要条件。医疗机构委托企业开展煎药服务应按有关规定和要求与受托单位签订书面协议，定期和不定期进行现场监督、视频监控等，加强对受托企业的日常监管。同时，鼓励质控组织、医疗机构开展合作，实施代煎中药的区域管理，强化医疗机构对代煎中药的监督和日常检查。

（三）建立中药代煎配送质量跟踪体系

目前，医疗机构委托企业提供代煎、配送服务的具体规范，通常由所属地区中医药主管部门会同药品监督管理相关部门共同制定。对中药饮片的代煎和配送，相关部门不仅要加强过程监管和引导，更要加强对服务的监督管理，代煎机构应对代煎中药的质量负责。提供中药饮片代煎服务的代煎中心，应当建立代煎全过程煎煮记录和监控体系。提供中药汤剂配送服务的物流公司，需具备保障中药汤药剂质量的物流设备，并配备专人负责配送，做好配送过程的信息记录。

（四）建立代煎企业信息追溯体系

好的饮片质量及代煎服务是人民群众获得高品质中医药服务的关键之一。代煎企业的煎煮工艺参数、流程与汤剂质量关系密切。相关监管部门应加强对代煎服务商的管理，运用物联网、大数据技术建立代煎企业追溯体系，应用信息技术提升监管水平，实现对代煎服务的全流程监管，实现让百姓吃“放心药”的目标。

二、中药饮片产业延伸服务的发展趋势

2016 年，国务院颁布了《中医药发展战略规划纲要（2016—2030 年）》，为未来十几年中医药的发展提供了方向与指导，其中发展“互联网 +”中医医疗、中医药标准化、信息化建设被列为国家中医药管理局的重点任务。

目前，国内的代煎配送服务仍处于发展的初期阶段，为更好地贯彻“以人为本、服务惠民”的基本原则，应积极推广和应用“互联网 +”理念和“信息共享 + 有效监管 + 个性服务”的新模式，建设与社会发展和人民需求相适应的中医药标准化、信息化平台，改变传统以人工进行流程质控的模式，提升服务质量、工作效率及病人满意度，为中医药产业链各个环节提供服务，促进中医药产业的服务延伸。

信息技术共享服务以合理用药为目标，通过“互联网 +”技术，将药学信息和药物治疗咨询融入信息平台，探索线上、线下共同合作的服务模式，满足病人的个性化服务需求；以煎煮流程透明化为导向，满足病人实时查看处方信息、作业状态、配送信息、药品用法用量、注意事项等的需求，提高

病人对中医药的认可度，推进中医药事业持续健康发展。

随着大数据等信息技术的进一步推广应用，信息化平台为个性化医疗服务提供了有“证”可循的数据及理论支持。在饮片代煎配送监管中开发与应用“互联网+”远程监管体系是未来的发展趋势。信息技术应用于中药代煎过程可以确保代煎中药的质量，让百姓吃到“放心药”。跨医院、跨区域的数据共享系统，可以将药学信息服务扩展到社区街道及偏远山区的卫生单位，促进中医药的协调发展。

·第七章·

中药配方颗粒发展概况

第一节 中药配方颗粒发展历程

中药配方颗粒是由单味中药饮片经水加热提取、分离、浓缩、干燥、制粒而成的颗粒。中药配方颗粒在中医药理论指导下，按照中医临床处方调配后，供病人冲服使用。中药配方颗粒作为传统中药饮片的补充，其质量监管纳入中药饮片管理范畴。自20世纪90年代初至今，中药配方颗粒不断发展，如今已初具规模，逐渐进入新的发展时期。中国医药工业信息中心检索的数据显示，2016—2021年中药配方颗粒的总体市场销售额（以企业出厂价计算）分别为92.11亿元、109.38亿元、141.95亿元、176.92亿元、191.21亿元、248.29亿元。2021年2月1日，国家药品监督管理局、国家中医药管理局、中华人民共和国国家卫生健康委员会和国家医疗保障局四部门联合发布了《国家药监局　国家中医药局　国家卫生健康委　国家医保局关于结束中药配方颗粒试点工作的公告》（简称《公告》），该公告于2021年11月1日正式实施。政策落地给中药配方颗粒企业带来了新的挑战与机遇。

一、中药配方颗粒的产生背景

（一）国际中药颗粒剂的先行先试

早在20世纪60年代初，日本汉方制剂就已逐渐扩大生产并转向工业生产研究。小太郎汉方制药是日本首家汉方颗粒剂产品的销售机构，于1957年成功开发了35种汉方颗粒剂，这些汉方颗粒剂获得日本厚生劳动省的批准而上市销售。1975年，日本颁布《一般用汉方制剂承认基准》，其中共收载210个汉方，这些处方均出自《伤寒论》《金匮要略》等中国中医药典籍，截至2022年，该基准收载的处方已增至294个。1976年，日本制定了《药品生产质量管理规范》，将GMP理念引入汉方制剂的生产。1976年，汉方制剂纳入日本医保体系，其后汉方制剂得到快速发展。

（二）国内中药颗粒剂的探索

20世纪30—80年代，我国多地相继开展中药饮片的剂型改革，但受生产条件、工艺技术等因素影响，剂型改革未能成功。1987 年，原卫生部、国家中医管理局联合发布《关于加强中药剂型研制工作的意见》，该意见体现了国家主管部门对中药产业发展的前瞻性要求。当时各地县级中医院已纷纷成立，提高中医药治疗率、突出中医特色，成为当务之急。

我国台湾地区在 20 世纪 70 年代初引入了汉方制剂的技术方法、监管思路和 GMP 生产理念，启动“科学中药”的产业化工作。到 20 世纪末，台湾顺天堂药厂股份有限公司等企业已生产 200 多个复方和近 300 个单味颗粒品种。

二、中药配方颗粒的发展历程

中药配方颗粒的发展始于 20 世纪 90 年代初，总体分为 3 个阶段：第一阶段为科研阶段（1993—2000 年）；第二阶段为生产使用试点阶段（2001—2021 年）；第三阶段为规范化监管阶段（2021 年以后）。

（一）科研阶段（1993—2000 年）

1993 年，江阴天江药业有限公司、广东一方制药有限公司成为全国中药饮片改革试点单位，承担中药饮片改革的研发生产任务。

江阴天江药业有限公司和广东一方制药有限公司分别从制备工艺、质量标准、药效学、临床疗效对比研究等方面对中药配方颗粒进行了系统研究。国家中医药管理局于 1996 年 9 月正式批准重大、重点课题项目“单味中药浓缩颗粒的制备与临床研究、等量等效性研究”由江阴天江药业有限公司及广东一方制药有限公司共同承担。该项目于 1999 年 12 月通过了国家中医药管理局组织的验收并结题。

中药配方颗粒在科研阶段得到了国家中医药管理局、省级中医药管理局的高度重视和国家各部委的支持，以及院校科研所的帮助，树立了以企业为主体的产学研联合创新发展的典范。

（二）生产使用试点阶段（2001—2021 年）

2001 年，国家药品监督管理局颁发了《关于印发〈中药配方颗粒管理暂行规定〉的通知》（国药监注〔2001〕325 号），并先后发文批准了 6 家企业为中药配方颗粒试点生产单位。这 6 家企业分别为江阴天江药业有限公司、广东一方制药有限公司、北京康仁堂药业有限公司、华润三九医药股份有限公司、四川新绿色药业科技发展股份有限公司（现四川新绿色药业科技发展有限公司）、培力（南宁）药业有限公司。《中药配方颗粒管理暂行规定》明确指出："从2001年12月1日起中药配方颗粒纳入中药饮片管理范畴，实行批准文号管理。在未启动实施批准文号管理前仍属科学研究阶段，该阶段采取选择试点企业研究、生产，试点临床医院使用。"

2009年11月，原国家食品药品监督管理局召开"中药配方颗粒监督管理研讨会"，要求国家试点生产企业进行标准统一工作，为试点生产放开做准备。国家试点生产企业按照原国家食品药品监督管理局的要求，积极开展行业标准统一工作。2012年9月，国家药典委员会起草了《中药配方颗粒质量标准研究制定技术要求（征求意见稿）》（国药典中发〔2012〕477号）。

2015年12月，原国家食品药品监督管理总局发布了《中药配方颗粒管理办法（征求意见稿）》，该办法对生产企业资质、生产监管、标准制定、备案管理、监督管理及使用管理等做出了详细规定。中药配方颗粒的管理有望从审批制转为备案制，自此，浙江、辽宁、广东、安徽、河北、北京、山东、黑龙江、湖北、江西、云南、贵州、天津、吉林、甘肃、重庆、福建、河南、湖南、内蒙古、广西、江苏、山西、四川等省份先后出台文件，以科研专项、试点研究、临床试点、技改专项等多种方式批准中药配方颗粒试点企业，在省（自治区、直辖市）内开展中药配方颗粒科研生产试点及医疗机构临床使用。截至试点结束前，累计有90家以上的生产企业被各省、自治区、直辖市批准为试点生产企业，试点生产企业分布于全国20余个省份。

2016年8月，国家药典委员会发布《中药配方颗粒质量控制与标准制定技术要求（征求意见稿）》。该文件基本确定了中药配方颗粒国家质量标准的具体研究思路。2021年1月，《中药配方颗粒质量控制与标准制定技术要求》正式发布，该技术要求对中药配方颗粒质量标准的制定做出了顶层设计，提出了基本制定原则，不仅引入了"标准汤剂"的概念，使中药配方颗粒的工艺制定合理性和质量控制有了可衡量的量化依据，还规定了特征图谱质量控制技术的应用，强化了中药配方颗粒的整体质量控制水平，提出了全过程整体质量控制的要求，同时提倡生产企业采用道地药材，强化药材源头控制。

（三）规范化监管阶段（2021年11月以后）

2021 年 11 月1 日，《公告》正式实施，标志着中药配方颗粒进入了规范化监管阶段。

《公告》明确规定：“中药配方颗粒是由单味中药饮片经水提、分离、浓缩、干燥、制粒而成的颗粒，在中医药理论指导下，按照中医临床处方调配后，供患者冲服使用。中药配方颗粒的质量监管纳入中药饮片管理范畴。”

《公告》明确提出了中药配方颗粒监管思路的顶层设计，从中药配方颗粒的定义、生产企业准入条件、生产过程管理、全产业链溯源管理、标准制定、备案管理、监督管理、使用管理等方面做出了全面而系统的规定。

《公告》强化了属地的监管责任。中药配方颗粒品种实施备案管理，不实施批准文号管理，在上市前由生产企业报所在地省级药品监督管理部门备案。《公告》对中药配方颗粒的药品标准提出明确要求。中药配方颗粒应当按照备案的生产工艺进行生产，并符合国家药品标准。国家药品标准没有规定的，应当符合省级药品监督管理部门制定的标准。中药配方颗粒国家药品标准颁布实施后，省级药品监督管理部门制定的相应标准即行废止。

《公告》对中药配方颗粒的采购和医保都做了明确规定。中药配方颗粒不得在医疗机构以外销售。医疗机构使用的中药配方颗粒应当通过省级药品集中采购平台阳光采购、网上交易。中药饮片品种已纳入医保支付范围的，各省级医保部门可综合考虑临床需要、基金支付能力和价格等因素，经专家评审后将与中药饮片对应的中药配方颗粒纳入支付范围，并参照乙类管理。

第二节　中药配方颗粒标准研究和生产制造

一、中药配方颗粒标准研究

中药配方颗粒质量标准研究是中药配方颗粒研发的核心工作，随着产业规模的壮大，2001 年后，行业标准统一成为关系到产业规范化发展的重要问题。

（一）企业标准

20 世纪 90 年代初期，中药配方颗粒试点生产企业将薄层色谱作为中药配方颗粒专属性鉴别的主要方法，并于 2004 年和 2010 年先后出版了两辑《中药配方颗粒薄层色谱彩色图集》，该书收载了 307 个临床常用中药配方颗粒品种的薄层色谱图。

随着高效液相色谱法的研究和应用，液相色谱定量、定性分析方法越来越多地应用于中药配方颗粒质量标准的研究制定。最早批准的 6 家国家试点生产企业分别建立了临床常用配方颗粒品种企业内控标准，不同程度地建立了质量控制体系。

（二）行业标准

中药配方颗粒发展的核心问题是行业标准的统一。多年来，国家药品监督管理部门一直要求尽快制定中药配方颗粒行业标准。国家级和省级药品监督管理部门、试点生产企业分别探索了多种不同的行业标准研究制定思路，但最终未能形成统一的行业标准。

（三）国家标准

1. 国家标准技术要求的形成

2014 年 4 月，国家药典委员会召开了中药配方颗粒质量标准研究制定技术要求研讨会，形成了《中药配方颗粒质量标准研究制定技术要求（草案)》。2015 年 12 月，原国家食品药品监督管理总局发布了《总局关于征求〈中药配方颗粒管理办法（征求意见稿)〉意见的公告》（2015 年第 283 号），该公告明确指出国家药典委员会组织中药配方颗粒统一药品标准的制定和修订。2016 年 8 月，国家药典委员会牵头制定、发布了《中药配方颗粒质量控制与标准制定技术要求（征求意见稿)》；2019 年 11 月，国家药品监督管理局综合司再次公开征求意见；2021 年 1 月 26 日，国家药品监督管理局正式发布《中药配方颗粒质量控制与标准制定技术要求》。该技术要求创新性地以标准汤剂为基准，使中药配方颗粒回归饮片煎煮汤剂这一本源，体现了中药配方颗粒质量控制的特点，明确提出中药配方颗粒药效物质应与饮片煎煮汤剂基本保持一致。

2. 国家标准的起草制定

2021 年 4 月 29 日，国家药品监督管理局正式批准颁布了第一批中药配方颗粒国家药品标准（160 个）；2021 年 10 月 31 日，批准颁布了第二批中药配方颗粒国家药品标准（36 个）；2022 年 6 月 13 日，批准颁布了第三批中药配方颗粒国家药品标准（4 个）；2023 年 2 月 1 日，批准颁布了第四批中药配方颗粒国家药品标准（48 个）。

（四）符合《中药配方颗粒质量控制与标准制定技术要求》的省级标准

《公告》（2021 年第 22 号）要求，中药配方颗粒应当符合国家药品标准，国家药品标准没有规定的，应当符合省级药品监督管理部门制定的标准。截至 2023 年 3 月 13 日，国家公布、公示的中药配方颗粒国家药品标准仅有 270 个，而全国临床常用的中药配方颗粒有近 800 个品种。这就迫切需要全国各省、自治区、直辖市积极开展省级标准的研究制定。同时，《公告》规定，这些品种的国家标准一旦制定，省级标准随即废止。

截至 2022 年 10 月 8 日，全国 30 个省、自治区、直辖市（除西藏外）合计公示品种 6 899 个，其中重复品种 6 255 个，不重复品种 644 个；扣除《中药配方颗粒国家药品标准》公示品种，实际中药配方颗粒省级药品标准公示品种 576 个。

为加快中药配方颗粒省级药品标准公布进度，最早批准的 6 家国家试点生产企业组成六家联盟申报中药配方颗粒省级药品标准。截至 2022 年 10 月 8 日，六家联盟已完成研究和复核的品种有 395 个。在已公示的中药配方颗粒省级药品标准中，六家联盟申报的标准有 5 765 个，占全部中药配方颗粒省级药品标准的 94.6%。

二、中药配方颗粒生产制造

中药配方颗粒生产技术的发展，大致分为 4 个阶段，第一阶段为基本工艺流程和工艺参数设计阶段；第二阶段为生产工艺参数研究完善阶段；第三阶段为工艺技术体系构建阶段；第四阶段为基于标准化、自动化和信息化技术，智能制造初步探索阶段。

（一）基本工艺流程和工艺参数设计

在研究初期，中药配方颗粒研究主要聚焦在基本工艺流程、生产设备、生产线等整体设计方面，初步建立了每味中药配方颗粒的基本工艺流程和工艺参数。

根据《中药配方颗粒质量控制与标准制定技术要求》，中药配方颗粒是由单味中药饮片经水加热提取、分离、浓缩、干燥、制粒而成的颗粒。除成型工艺外，其制备工艺需与传统汤剂基本一致，即以水为溶媒对中药饮片进行加热提取，采用物理方法进行固液分离、浓缩、干燥、颗粒成型等。在制剂过程中，可使用必要的颗粒成型辅料，辅料用量以最小化为原则。除另有规定外，辅料与中间体之比一般不超过1∶1。

中药配方颗粒生产企业应遵循上述原则，开展中药配方颗粒工艺流程的设计和研究实施。

（二）生产工艺参数研究完善

在中药配方颗粒生产放大过程中，企业需针对数百味品种生产工艺和质量控制的每个关键点，采用合适的生产方案。比如，提取技术研究需根据中药个性化的性质特点，以有效成分转移率和浸膏得率为指标，优化提取液加量、提取次数、提取温度、饮片厚薄等工艺参数，使操作规范化、标准化。再如，固液分离技术研究需根据数百味中药提取液杂质复杂多样的特点，以有效成分转移率和浸膏得率为指标，筛选合适的除杂工艺，既保证产品有效成分不损失，又确保能提高产品澄明度、改善口感。为保证数百味中药配方颗粒的有效成分含量和溶化性等，企业应探索合适的干燥技术，使中药浓缩液干燥成固体粉末，该干燥技术应能兼顾干燥效率和产品质量。由于中药浸膏粉黏度大、吸湿性强，加之品种繁多，数百味中药物料的粉体学性质各异，传统湿法制粒技术尽管可适于部分引湿性小的品种，但对多数品种而言易导致成品在长期放置过程中吸湿结块，故不具有普适性。生产企业需探索适合中药的制粒技术以实现数百味中药配方颗粒在少加辅料的情况下能够制剂成型。

（三）工艺技术体系构建

经过多年的研究积累，中药配方颗粒逐渐形成了基于中药质量标准和质量控制体系的工艺技术体系。生产企业以中医药理论为指导，通过中药饮片加工、提取、浓缩、干燥、制粒等一系列现代制药技术的集成创新研究，解决了多项瓶颈问题，设计了整套中药配方颗粒生产工艺方法，重点开展了技术装备与工艺参数差异化的研究，完成了临床常用数百味中药配方颗粒的研究；并随着中药配方颗粒质量控制标准的完善，进一步完善了工艺技术体系。

（四）智能制造初步探索

目前，部分企业已开始积极打造中药配方颗粒全流程智能数字制造新模式。该模式引入自动化装备和信息化平台，合理设计中药配方颗粒生产制造全过程的各类工艺参数，通过信息化在线检测等技术建立数字化生产车间、无人化立体仓库，减少生产过程中人为因素的干扰，实现中药配方颗粒从工艺到制造、检验及物流的全链条自动化、信息化；同时，生产企业通过使用节能降耗的制药设备，实现药品的绿色制造、清洁生产，促进了中药制药工业的提质增效、节能减排。

三、中药配方颗粒临床研究与调剂方式

（一）临床研究

围绕中药配方颗粒的临床安全性和有效性，江阴天江药业有限公司、广东一方制药有限公司、华润三九医药股份有限公司等试点企业与多家医疗机构合作，陆续开展相关的临床再评价研究。全国多家医疗机构针对中药配方颗粒开展国家级、省级、市级临床方面的课题研究，取得了较好的临床研究成果。

（二）临床调剂方式

最早中药配方颗粒选择小袋包装，用药时病人只需将不同的袋装配方颗粒一同服用即可。为了进一步方便医院调配和病人用药，当前多数医院采用中药配方颗粒调配系统调配中药配方颗粒，即将每味中药的颗粒按原处方的比例先行调配装到一个袋中再封装，这样能使医生处方剂量更灵活、医院调配更快捷、病人用药更方便。

常用的配方颗粒自动化调配系统由处方管理信息系统、药库、取药瓶机

械手、颗粒分装计量平台和自动包装机等组成。医生在电脑端输入处方，系统自动将处方传到划价收费系统及中药调剂系统中，机械手自动按照处方将不同种类和剂量的中药配方颗粒投入调剂专用盒中并密封。该系统方便了病人服药，也提高了医院的调剂效率和准确度。此外，部分企业还与医疗机构合作，采用类似于“前店后厂”的智能配送中心模式直接对接终端客户，通过计算机系统链接接收医生的处方，按照处方进行药品调剂，在药品配置完成后发起送药上门服务，将药品直接送到终端客户手中。在运营方式方面，部分企业还积极与互联网平台开展合作，探索“云药房”模式，实现线上线下一体化，打造连接各类医疗机构、企业、调剂配送中心和病人的服务平台。

（三）中药配方颗粒的国际化

在此次新型冠状病毒感染疫情中，中药配方颗粒凭借体积小、包装好、易储存的优势，对预防、治疗新冠肺炎起到了重要作用，受到国外市场的欢迎。此外，与中成药产品相比，中药配方颗粒在出口环节可以绕过一些针对药品的贸易壁垒，在一些国家不需要完成药品注册评审即可进入市场。中国医药保健品进出口商会的相关数据显示，近 5 年中药配方颗粒的出口量及出口额总体平稳，年出口量为 600 ~ 800 t，出口额为 2 700 万美元。

尽管如此，中药配方颗粒在走向世界的过程中依然要面对市场竞争及国际标准等诸多挑战。中国医药保健品进出口商会的相关数据显示，在全国众多中药配方颗粒生产企业中，国家药品监督管理局批准的 6 家试点企业，在出口量和出口额方面占据着约 65% 的份额，但其中半数企业的中药配方颗粒海外销售额占其营业收入的比例不足 1.2%。在国际标准方面，广东一方制药有限公司作为中医药企业标准联盟发起单位，是该标准第 4 部分《中药配方颗粒编码》（ISO 18668 -4：2017）的主要起草单位，并将该编码应用于产品中。2017 年，江阴天江药业有限公司与日本津村株式会社共同提交的《中医药 - 中药颗粒剂生产工艺和质量控制通用要求》（ISO 23419：2021）已被国际标准化组织中医药技术委员会（ISO/TC 249）发布，该标准对中药配方颗粒、复方颗粒的生产工艺与质量控制的方法和理念确定了相关准则，有利于促进我国中药材、中药饮片、中药配方颗粒的进出口贸易，在优化国际交易环境、维护市场秩序及落实国家“一带一路”倡议等方面发挥了积极作用。尽管如此，中药配方颗粒依然缺乏与世界接轨的国际标准，制定能够得到广泛认可并实施的国际标准的工作仍任重而道远。

第三节　中药配方颗粒的发展启示

中药配方颗粒行业作为中医药行业的一个分支，在中药标准化、现代化和国际化方面进行了有益探索，给中医药行业带来了一些启示。

一、对中药药品监管方面的启示

自中药配方颗粒诞生之日起，企业就与药品监管部门共同探索适用于中药配方颗粒的科学监管思路，国家药品监管部门首次提出并大胆尝试了科研试点、生产试点、临床使用试点，首次提出了备案管理的理念。

二、对国家药品标准形成机制方面的启示

与我国现有国家标准的形成机制相比，在中药配方颗粒国家标准制定过程中，国家药典委员会提前制定了国家标准技术要求，让企业起草标准有规可循；审评现场向起草单位开放，使起草单位与审评专家能够快速、高效沟通，整个标准研究与审评过程坚持公开、公正的原则。这种“敞开大门做标准”的模式，能让企业积极主动地参与到国家药品标准的起草工作中，从而调动全行业力量参与国家药品标准的制定工作。

三、对中药全过程质量控制理念方面的启示

中药配方颗粒国家标准在制定过程中贯彻了全过程质量控制的理念，部分中药配方颗粒试点生产企业在中药领域建立了全产业链数字化的中药质量管控模式。

·第八章·

中药饮片行业人才队伍建设

中药炮制技术是我国独特的传统制药技术，是我国的非物质文化遗产，是中医药最具原创性的文化和技艺，是连接中医与中药的桥梁和纽带，也是中医药传承的重要组成部分。但现在中药炮制技术后继乏人，面临失传的危险，这直接影响到中药炮制技术和中药饮片行业的传承与发展。

中药炮制技术是一门实践性、经验性很强的传统制药技术，它起源于临床，也应用于临床。中医用药与地理位置、气候、人文等因素有关，因此各地有着不同的用药习惯或民间偏方。中药炮制技术和经验多为隐性知识，很多都是通过师徒口口相传的形式传承下去。近年来，国家进一步重视保护面临失传的中药传统炮制技术，出台了一系列政策措施，如申报非物质文化遗产、老药工带徒培养、建设传承基地和工作站、评选大工匠称号、开展职业培训和继续教育等，为提高中药炮制人才水平、扩大中药炮制人才队伍、发展中药饮片行业提供了基础保障。

第一节 中药炮制技术非物质文化遗产传承人建设

非物质文化遗产是指各族人民世代相传，并视为其文化遗产组成部分的各种传统文化表现形式，以及与传统文化表现形式相关的实物和场所，是一个国家和民族历史文化成就的重要标志，是优秀传统文化的重要组成部分。

2021 年 8 月，中共中央办公厅、国务院办公厅印发的《关于进一步加强非物质文化遗产保护工作的意见》提出，继续实施中国传统工艺振兴计划，加强各民族优秀传统手工艺保护和传承，推动传统美术、传统技艺、中药炮制及其他传统工艺在现代生活中的广泛应用。

中药是中华民族几千年来不断积累和发展的文化瑰宝，是中医临床的主体，也是中医药文化宝库中的精髓、中华优秀传统文化的重要载体。经不断发展完善，极具特色的中药炮制技术逐渐形成。为了保证中医药事业的健康发展，国家开展了中医药的“源头工程”研究，炮制研究就是中医药“源头工程”研究的重点内容之一。

2006 年，由中国中医科学院、中国中药协会申报的“中药炮制技术”项目成功入选第一批国家级非物质文化遗产项目，该项目还选定了对应的国家级及省级非物质文化遗产项目传承人。

2007 年 6 月，王孝涛、金世元入选第一批国家级非物质文化遗产项目代表性传承人。

王孝涛，中国中医科学院中药研究所研究员，原卫生部药典委员会委员。王孝涛出生于中医世家，师从我国著名本草学家赵燏黄教授，1960 年后专攻中药炮制传统技术，先后主编《中药炮炙经验集成》《历代中药炮制资料辑要》《历代中药炮制法汇典》《中药饮片炮制述要》等。王孝涛熟悉传统中药炮制的历史沿革和现代中药炮制生产技术，组建了全国第一个中药炮制科学研究室，对毒性中药炮制技术有深入研究。

金世元，原北京卫生学校主任中药师，首都医科大学中医药学院客座教授，享受国务院政府特殊津贴。学徒期间，金世元师从赵俊霆学习各种炮制操作技术。1940 年，金世元进入北京中药讲习所学习，师从汪逢春、赵树屏等中医大家，系统学习了中医药基础理论知识。金世元跑遍全国各地药材市场，练就了一套鉴别药材真伪的功夫。与此同时，为了加强中药人才的培养，1961 年，原北京市卫生局决定在原北京卫生学校开设中药专业，金世元在该校任教 30 余年，共培养中药专业学生 1 200 人。1990 年，金世元被评选为全国第一批老中医药专家学术经验继承工作指导老师之一，先后共带 2 批学生，带教的 4 名学生均已出师。金世元著有《中成药的合理使用》一书，主编《中药炮制学》等著作，发表专业论文 60 余篇。

2008 年，“中药炮制技术（四大怀药种植与炮制）”项目与“中药炮制技术（中药炮制技艺）”项目入选第二批国家级非物质文化遗产项目。李成杰、孙树武与胡昌江入选第二批国家级非物质文化遗产项目代表性传承人。

2014 年，“中药炮制技艺（人参炮制技艺）”项目、“中药炮制技艺（武义寿仙谷中药炮制技艺）”项目、“中药炮制技艺（樟树中药炮制技艺）”项目入选第四批国家级非物质文化遗产项目。王俊良、李明焱、袁小平入选第四批国家级非物质文化遗产项目代表性传承人。

2021 年，“中药炮制技艺（汉派彭银亭中药炮制技艺）”项目、“中药炮制技艺（新会陈皮炮制技艺）”项目、“中药炮制技艺（岷县当归加工技艺）”项目、“中医传统制剂方法（腰痛宁组方及其药物炮制工艺）”项目入选第五批国家级非物质文化遗产项目。

第二节 中药炮制技术药工队伍建设

药工，指的是从事传统中药炮制工作的群体。古人云："医无药不能扬其术，药无医不能奏其效。"中医、中药密不可分，互相依存，如车之两轮，鸟之两翼。名中医有好饮片作为支撑，方能药到病除。药工是在幕后默默奉献的群体，尤其是老药工们，他们长期在一线从事中药饮片炮制工作，不仅基本功扎实，还有不少绝活技艺。老药工是长期从事中药炮制工作，具有丰富炮制经验和掌握较高炮制技艺的人员，为中药炮制技术的传承发挥了积极作用。

1985 年 12 月，原国家医药管理局在北京举行颁发老药工荣誉证书大会。出席会议的有中共中央政治局委员、国务院副总理田纪云，全国政协副主席刘澜涛、胡子昂，中顾委常委黄火青等党和国家领导人，以及参会的各省级医药局局长和多年从事中医药工作的老领导、老药工代表约 200 人，其中全国老药工代表 38 位，会上向全国 36 000 多名老药工颁发了荣誉证书。湖南宁乡喻伯藩、广东广州刘明、河北安国安庆昌 3 位老药工参加了颁证仪式，喻伯藩老先生作为发言人之一进行了发言。彭真委员长为大会题词："光荣的老药工的经验是我国传统医药学的一个宝库。"许德珩副委员长题写了"老药工荣誉证书"的题签。

据查，目前全国 19 个省、自治区、直辖市还有首批老药工的记载，各地成立较早的老中药厂都尚有老药工。其中，广东的老药工最多，有 15 人（广州白云山中一药业有限公司有 13 人，云南昆明中药厂有老药工 2 人），江苏有 6 人，上海有 5 人，四川、浙江各有 4 人，江西、北京、河北各有 3 人，其余各省有 1 ~2 人，地区无法查询或推测的有 2 人。在相关记载中可查的老药工有南京市的杨文琪，济南市的姜保生，禹州市的朱清山、高艳玲、汪林昌、师金安、常法武、李永恩、刘喜全、李玉德、李振生、张西方、刘书俊、胡铁山、王成周等人。

1985 年，从事中药业务 30 年以上的人员才有资格入选老药工，因此，首批老药工均出生于中华人民共和国成立以前，他们在药铺当学徒，学习各种技艺，掌握从收方调剂、卖药丸，到鉴别、炮制、制药等业务，有的甚至还精通中医知识。老药工们严谨尽责的工作精神值得后辈们学习和发扬，中医药文化瑰宝传承的重任落在每一个中医药人的肩上。

1987 年 1 月 9 日，原国家医药管理局等发布《国家医药管理局、劳动人事部、财政部关于实行中药老药工技术津贴的通知》，该通知提出为了振兴中药、稳定中药职工队伍、抢救人才、抢救中药传统技术、调动老药工和广大中药行业职工的积极性，经国务院批准，对在职中药老药工给予老药工技术津贴。

第三节　中药饮片行业人才队伍培养途径、建设现状等情况

一、中药饮片行业人才队伍培养途径

2012 年，为了贯彻落实《国家中长期教育改革和发展规划纲要（2010—2020 年）》，适应国家和区域经济社会发展需要，不断优化学科专业结构，《普通高等学校本科专业目录》增设了中药学类专业，下设中草药栽培与鉴定、中药制药、蒙药学、藏药学 4 个专业，结束了以中药学一个专业为整个行业培养人才的历史。2018 年，教育部正式发布《普通高等学校本科专业类教学质量国家标准》，其中《中药学类教学质量国家标准》规定了中药学、中药资源与开发、中草药栽培与鉴定和中药制药 4 个专业毕业生应达到的基本要求，明确了社会服务面和专业设置要求，建立了中药相关专业高层次人才的培养途径。

1995 年 7 月，原人事部、国家中医药管理局颁布了《执业中药师资格制度暂行规定》，从此我国开始实施执业药师资格制度。1999 年 4 月，原人事部、原国家药品监督管理局下发了《关于修订印发〈执业药师资格制度暂行规定〉和〈执业药师资格考试实施办法〉的通知》（人发〔1999〕34 号），该通知对原有考试管理办法进行了修订。《执业药师资格制度暂行规定》明确指出执业药师资格实行全国统一大纲、统一考试、统一注册、统一管理、分类执业的制度，执业药师制度也为中药饮片行业培养了一部分中高级人才。

对于中药饮片生产企业的基层人才培养，依据 2015 年版《中华人民共和国职业分类大典》，国家人力资源和社会保障部、国家中医药管理局发布了《中药炮制工国家职业技能标准》，该标准将中药炮制工分为初级工、中级工、

高级工、技师和高级技师 5 个等级，初中毕业且工作 2 年以上或学徒期满者即可参加职业资格考试，考试通过后可取得相应级别的证书。

截至 2022 年年底，全国执业药师注册人数为 70. 95 万人，其中中药学专业 36. 31 万人，占全国执业药师注册总数的 51. 18%。2010—2020 年，全国大专院校中药学专业专科以上毕业人数仅为 20. 7 万人，毕业人数最多的 2019 年也仅有 2. 5 万人（图 8 - 1）。2017 年，教育部高等学校中药学类专业教学指导委员会首次开展全国中药学类专业建设情况调研，该调研共有 42 所设置中药学类专业的高等学校参与。近 10 届毕业生就业情况的分析结果显示，超过 40% 的中药学类专业的毕业生选择在中药制药和流通领域就业，16. 85% 的中药学类专业的毕业生选择在社会公共服务领域就业，17. 11% 的中药学类专业的毕业生选择继续求学深造，而在中药生产企业就业的毕业生仅占中药学类专业的毕业生总数的 3. 9%，另有 18. 53% 的中药学类专业的毕业生选择自主创业或灵活就业。由此可见，每年能进入中药生产企业的中药专业人才仅有几百人，当前中药人力资源存量与中药大健康产业的人力需求存在较大差距。

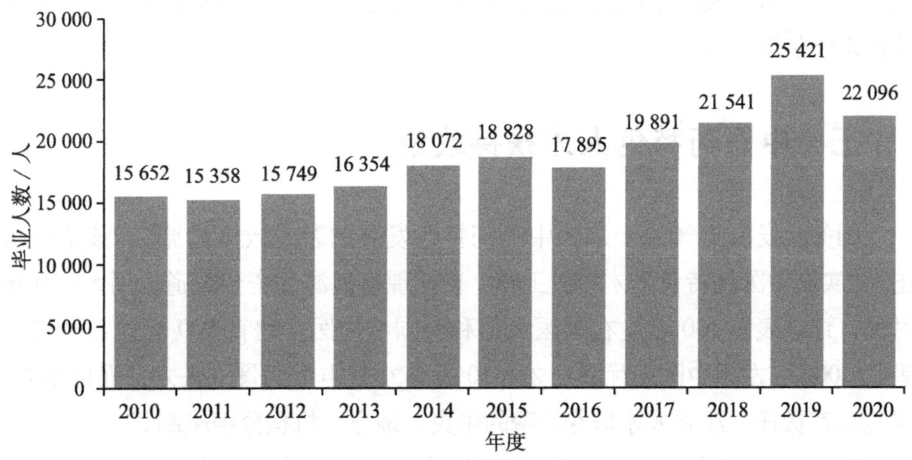

图 8 - 1　2010—2020 年全国大专院校中药专业（专科以上）毕业人数

二、中药饮片行业人才建设现状

2014 年工业与信息化部每年编撰出版的《中国医药统计年报》最后一次公布了中药工业从业人员数量，2012—2014 年，全国中药饮片加工企业从业人员分别为 88 808 人、100 653 人、113 206 人；中成药制造企业从业人员分别为519 446人、586 113人、624 546人。国家中医药管理局编撰的《全国中医药统计摘编》则未将中药企业从业人员的数据纳入统计范围，因此近年中药工业从业人员统计数据不详。

2018年，全国开设中药生产与加工专业的高职学校仅19个，分布在16个省。调研发现，当年各学校该专业的实际报到人数在31～55人，招生总量为800余人。进入中药饮片加工企业就业的毕业生，不能满足产业发展的需求。

随着《中医药发展战略规划纲要（2016—2030年）》的实施，我国迫切需要培养一支高素质的中药材资源保护、种植养殖、中药饮片加工、中成药制造、质量检验、仓储管理和信息服务技术技能人才队伍。医药行业招聘数据显示，2019年，人才招聘需求量与上一年同期相比上涨了11.5%，其中中医药人才需求量同比增长12%。中药产业发展目标与调研数据分析预测结果显示，未来3年各层次中药类技术技能人才的年需求量均在4.6万人以上，而全国中药专业专科以上学历的年毕业人数仅有2万余人，人才供需缺口巨大；专科、本科及以上层次人才的需求比例逐年增长，中职及以下层次人才的需求比例逐年降低。

三、中医药特色人才扶持政策

国务院发布了《关于加快中医药特色发展的若干政策措施》，该措施提出："实施中医药特色人才培养工程。依托现有资源和资金渠道，用5～10年时间，评选表彰300名左右国医大师和全国名中医，培育500名左右岐黄学者、3 000名左右中医药优秀人才、10万名左右中医药骨干人才，强化地方、机构培养责任，建立人才培养经费的中央、地方、机构分担机制。"

"十四五"期间，国家中医药管理局将进一步加大扶持力度，在完善培养模式、优化人才成长路径及健全人才评价机制方面持续发力，促进中医药人才队伍提质增效。

第一，建立符合中医药特点的人才培养模式。医学人才成长特别是中医药人才成长有其自身规律。院校教育、毕业后教育、继续教育3个阶段有机衔接，师承教育贯穿始终，是中医药人才成长的有效方式。"十四五"期间，国家将围绕毕业后教育、继续教育及师承教育方面，加大制度、机制的建设力度，推出一批相关制度，通过制度建设来完善人才培养模式。

第二，实施中医药特色人才培养工程。中医药特色人才培养工程也称为“岐黄工程”，该工程是中医药振兴发展重大工程的重要组成部分。在“十四五”期间，国家将通过该工程着力推出一批高层次人才培养项目，评选表彰一批国医大师、全国名中医等先进典型，还要建设一批中医药重点学科、中医临床教学基地及名老中医药专家传承工作室等重大的中医药人才培养平台。

第三，加强基层人才队伍建设。“十四五”期间，针对基层人才培养，中医药院校将进一步加大中医专业农村医学生公费订单定向培养的招收力度，为中西部地区的基层培养一批本科学历的中医师。相关部门还将加大对中医全科医生的培养和基层卫生人员中医药服务能力的培训，以此提升基层中医药人才为百姓提供中医药服务的能力。“十三五”期间，国家中医药管理局为长期扎根基层的名老中医药专家建立了900 多个工作室，计划再建约1 000 个基层名老中医药专家传承工作室，力争实现县级中医院全覆盖，鼓励中医药专家扎根基层、服务百姓，打造一支群众身边的名中医团队。

第四，改革完善人才评价激励机制。“十四五”期间，国家中医药管理局将推动构建合理的中医药人才评价体系，把医师的才能、医德医风作为中医药人才的评价标准，把会看病、看好病作为中医医师的主要评价内容；同时，也将推动建立国医大师、全国名中医评选表彰长效机制，以此引导全国各地建立不同层级相互衔接的人才评价表彰激励机制，选树一批行业模范和典型，增强岗位职业荣誉感。

四、加强中药饮片生产企业人才队伍建设的建议

近年来，中药产业作为我国健康产业的重要组成部分，在国民经济中的地位日益提高。作为国家战略性新兴产业和中医药健康服务的重要相关支撑产业，中药产业发展环境良好、需求旺盛、前景广阔，正处于前所未有的战略机遇期，迫切需要大批服务一线的中药技术技能人才。针对中药饮片企业人才总体学历层次不高、专业人才匮乏、流动性大的情况，本书主要提出以下建议。

第一，建立中药产业人力资源统计、预测、供求信息发布制度，完善就业服务网络和毕业生就业服务平台，促进人才培养与人力资源需求对接。

第二，根据中药技术技能人才培养规模的增长总量不能满足中药产业发展需要这一现实，适当扩大中高职院校中药类专业人才培养规模，尤其是高

职层次的人才培养规模。

第三，针对全国高职层次中医药院校数量偏少的现状（截至 2018 年，全国中医药本科院校 33 所、中医药高职院校 10 所，中等中医药学校 40 所），在中药产业大省增设中医药高职院校。

第四，深化东、中、西部地区中医药职业院校在跨区招生、专业建设、课程开发、资源共享、学校管理等方面的合作，积极扶持中西部地区的中医药职业教育。

第五，加强校企深度合作。鼓励大中型中药企业与有关院校组建职业教育集团，共建产业学院、大师工作室、实习实训基地，开展现代学徒制订单培养等，支持和鼓励企业承接教师实践锻炼和学生见习实习，深度参与中药人才的培养培训。

第六，构建中药职业教育“1 + X”证书制度，建成纵向能级清晰的中药职业技能标准体系，设计横向边界清晰的职业技能内容体系，将职业技能证书标准融入人才培养工作全过程，实现证书与课程的沟通，全面提升毕业生的岗位胜任力。

·第九章·

中药饮片产业发展面临的问题和应对措施

第一节　中药饮片产业发展面临的问题和需求

中药饮片产业是我国中药产业的三大支柱之一，中药饮片是中医发挥临床疗效的基石。国家高度重视中药饮片产业的发展，2008 年国家强制实施中药饮片 GMP 认证，2009 年首次将中药饮片纳入国家基本药物目录，2010 年版《中国药典》首次明确提出中药饮片是供中医临床调剂及中成药生产的配方原料，这些政策措施有力地推动了中药饮片在临床治疗中的应用，也促进了中药饮片产业的迅猛发展。但中药饮片产业还面临着饮片质量标准不健全、生产模式落后、创新活力和动力不足等制约产业发展的问题。

一、中药饮片生产全过程控制技术亟待发展

（一）中药材种植、采收、加工不规范

中药材是中药饮片生产的原料，中药材的规范种植养殖及采收加工对中药饮片质量起着决定性作用。随着药材资源的变迁、种植方式的改变，大部分药材实现了人工栽培，但随意栽培和滥用农药，增加了中药材品种混乱和品质下降的风险。中药材产业存在产地采收加工不规范、采收年限缩短、“抢青”等问题。中药材生产模式也在发生转变，药材产地加工或趁鲜加工的初衷是从源头保证中药饮片品质，但趁鲜加工并不等同于产地鲜切片，随意省略传统产地初加工方法中的杀青、发汗、糖化等环节，也对中药饮片质量产生了较大的影响。

（二）中药饮片生产过程可控性有待提升

炮制工艺是饮片生产技术的核心和集中体现。在传承传统炮制技术的基础上，建立规范、合理的炮制工艺规范和生产技术标准，是确保中药饮片质量的基础。当前炮制工艺的规范化还存在很多困难。①中药材来源复杂，难于统一规格，不利于炮制工艺参数的规范统一。②炮制程度较难判定，无论是《中国药典》还是全国及各省、自治区、直辖市的炮制规范，多采用传统的主观经验（如颜色、气味变化等）来判定炮制程度，炮制程度因人而异、

缺乏客观的评价标准而难以量化统一。③饮片生产设备多为单元设备，自动化、智能化程度低，饮片生产制造水平亟待提升。④目前，在中药饮片生产中应用的各种炮制设备差异较大，不同规格型号炮制设备的工艺参数存在较大差异，如炒药机采用的加热方式（电热、天然气和燃油、电磁）不同，加热原理有差异，测控温方式及锅体结构（滚筒式、搅拌式、隧道式）不同，炮制工艺参数也各不相同。⑤饮片生产中所用的炮制辅料，如灶心土、麦麸、黄酒、米醋等来源不一，未建立统一的炮制辅料标准，造成饮片质量存在差异。

目前，中药饮片企业生产的饮片品种多、规格多，不利于企业集中优势资源做精优势产品、创新发展优质产品。中药饮片企业要向规范化、标准化、规模化和集约化方向发展，必须转变这种“大而杂”的生产模式，注重生产各自的优势和特色品种。只有打造中药饮片特色品牌，提高饮片大品种、大品牌等的核心竞争力，从源头控制入手，实现对中药饮片的种植、采收加工、炮制生产全流程和全产业链管理，企业才能形成良性循环，实现健康和长远发展。

（三）中药饮片炮制“各地各法”

目前，中药饮片生产依照《中国药典》及各省、自治区、直辖市颁布的中药饮片炮制规范进行。各省、自治区、直辖市颁布的中药饮片炮制规范是为适应我国地域辽阔、各地环境差异较大、传统用药情况各有特色的情况而设置的，体现了中医临床用药的传统特色。近年来，由于缺少国家统一颁布的炮制规范，同一饮片的炮制工艺，存在“一药多法”“各地各法”的情况；同时，各地炮制规范存在辅料用量、炮制程度不同等现象，从而造成饮片质量存在差异。应加快《国家中药饮片炮制规范》出台的步伐，将大量净制、切制的生品饮片规格，炒法和炙法等传统炮制方法及相应饮片规格尽量统一到国家炮制规范和饮片标准中，地方标准只收载一些极为特殊和地方特色明显的炮制方法和饮片规格，以减少“一药多标”的问题。另外，对于行业内争议较多的地方标准适用范围问题，相关部门应尽快明确相关范围，以便更好地指导中药材及饮片的生产、流通、使用、检验和监管。

二、中药饮片生产模式亟待创新

（一）生产模式落后

中药饮片产业是中药工业的重要组成部分。大型中药饮片生产企业较少，多数企业生产规模小、产品多而杂，产品同质化现象突出，企业利润和行业集中度低，炮制设备自动化、智能化程度较低。中药饮片“小而全、多而杂”的生产模式也使得生产设备的革新、改造和生产工艺的规范化难度加大。落后的生产模式不利于企业打造优质品种和品牌建设，中药饮片产业难以通过提质增效实现良性循环发展。

针对中药饮片生产企业“多、小、散”的生产现状，企业要想实施饮片产业的“大品种”“大市场”“大企业”的发展策略，需要立足于中药饮片的药材基地化、工艺规范化、生产规模化、质量标准化、检测现代化、包装规格化，以培育优质中药饮片大品种为目标，从药材资源、饮片生产、过程控制、质量管理、仓储管理、销售网络等方面建立饮片专业化生产示范基地，在提升饮片专业化、规模化生产水平的同时，带动整个饮片产业的结构调整、生产模式革新，促进中药饮片生产的现代化进程。

（二）中药饮片生产设备智能化程度低

中药饮片生产环节包括前端原料药材的加工和后端饮片的炮制生产。一直以来，药材属于农副产品，药材采收加工多停留在手工和半手工阶段，鲜有专门的产地加工设备，更缺乏现代的自动化设备。目前，中药材种植规模日渐扩大，产地趁鲜加工模式正在推进，中药饮片生产车间已前延至药材产地，清洗、切制、干燥联动线设备及中药材加工成套设备等得到了一定的应用。这些设备的应用逐步改变了传统的人工转运物料和单机操作模式，既提高了产地加工的生产效率，保证了中药材的品质，也带动了区域经济的发展。

饮片生产装备效率低下，中药饮片生产距离智能化尚有较大的差距。中药饮片加工设备多为单元或单机设备，自动化水平低，中药饮片生产普遍存在难以实现生产过程监控、难以保证饮片质量的稳定性和生产的可控性等问题。中药炮制设备标准化是保证中药饮片质量稳定的重要基础，也是逐步提升中药制药装备制造水平的关键；现有的中药炮制装备多为非标准化设备，不同厂家生产的同一种炒药设备的炒制工艺参数和性能差异较大，产品质量参差不齐。

中药饮片生产工艺直接影响着饮片的质量，要实现生产智能化，首先必须保证饮片生产工艺的稳定和规范。规范化是中药饮片实现智能化生产的根本所在，规模化、自动化、过程控制程序化是实现智能化生产的前提。只有具备了一定生产规模的规范化饮片生产企业，才有可能以智能化的生产方式解决饮片生产中存在的问题，才能创造更大的经济效益和社会效益。因此，企业应充分利用近年来取得的科研成果，研发、应用与其配套的在线仿生检测（机器视觉、温湿度、气体等）传感器及仪表，替代传统经验感官判别方法，研制符合规范化、专业化生产特点的闭环控制饮片生产设备和融合现代科技的专业化饮片生产线，最大限度地保证饮片产品质量，保障其临床疗效，为开发研制智能化生产线创造条件。

三、中药饮片质量评价标准亟待完善

中药饮片质量问题突出的根本原因是中药饮片质量标准不完善，饮片质量评价方法的科学性和实用性有待提高。大多数饮片的标准仍借用或套用药材的标准，生、制饮片多以同一有效成分、活性成分或指标成分作为评价指标，无法有效控制生、制饮片的质量，这也极大地影响了中成药和中医的临床疗效。

（一）中药饮片质量评价标准专属性有待提升

中药饮片是多成分的复杂体系，通过多靶点共同作用发挥药效。长期以来，大多数中药饮片的质量标准只包括外观性状鉴别（眼看、口尝、鼻闻和手摸等）和简单的理化鉴别，缺乏专属性的鉴别标准和指标成分含量的测定，也缺乏重金属、砷盐等限量指标的测定，对霉变、虫蛀、掺伪饮片的质量控制要求不明确。

多数中药饮片的质量标准仅对某个成分进行检测，而单一成分无法全面反映饮片质量；同时，中药饮片质量标准中的“质”与“量”相关性不强，无法以此保证饮片质量的稳定、均一。

无论是《中国药典》还是各省、自治区、直辖市的炮制规范，其饮片和对应药材的质量评价指标雷同，同一饮片生品和制品的质量标准同质化严重，而异质性（专属性）不够，难以有效区分生、制饮片的质量差异，中药饮片质量标准亟需确定专属性强的效应成分，作为评价生、制饮片的指标。

相关部门应将传统经验鉴别和现代科技方法结合起来，在揭示饮片炮制原理科学内涵的基础上，开展中药饮片质量评价关键技术研究，建立体现中药饮片特色的质量标准；以挖掘和识别个性化饮片质量内涵为重点，基于质量标识物建立中药饮片整体性、专属性质量标准；开展中药饮片经验鉴别的数字化、智能化研究；研究饮片标准物质，提高中药饮片质控水平，为相关中药产品提供现代科技支撑。

（二）中药饮片生产质控技术标准薄弱

药材种质与种植、产地与加工方法、炮制辅料和用量、炮制工艺、炮制火候等均会影响饮片质量和临床疗效。中药材主要来源于植物的根茎、花和果实等，具有农副产品的特点，种质资源、土壤、气候、天气等因素都会影响中药材的质量。为了追求经济效益，中药材种植户长期滥用化肥、农药等化学产品，导致中药材农药残留、重金属含量严重超标。种植分散、技术指导和追溯方法的匮乏致使中药材种植无法规模化、标准化，监管部门也缺乏对中药材种植生长过程中的有效监测和田间管理。同时，我国各地区的质量标准差异显著，中药材种子、种苗的地方质量标准品种数量少，名称不统一，存在一个品种同时拥有几个种子质量标准的现象。只有从源头上规范中药材种质和种植，才能实现中药质量标准化，进而保证中药的安全性和有效性。

中药饮片生产全过程关联性的质量控制标准薄弱，饮片生产各环节的技术标准体系有待建立和完善。质量标准制定部门应深入研究饮片生产全过程的炮制机制，探明与炮制工艺过程相关的质量标识物，建立炮制关键工艺环节的技术标准，为指导饮片标准化生产提供保障。

（三）中药炮制辅料缺乏药用质量标准

在中药炮制过程中，常需要加入酒、醋、盐、蜂蜜等辅料，辅料与药物共制，以达到生熟异用、减毒增（存）效的目的。目前，这些辅料多采用食用标准，未有专门的药用标准，炮制辅料标准体系研究有待加强。辅料的质量标准不仅要规定辅料用量比例，还应明确规定辅料质量、浓度等指标，避免辅料质量影响饮片质量。饮片生产企业应杜绝使用劣质的炮制辅料，以免增加饮片的杂质及有害物质。

（四）中药饮片标准物质缺乏

中药饮片据“依法炮制”而制备，饮片质量据“生熟有度”而评价。中药饮片是一个复杂体系，炮制后饮片的内在化学成分则更为复杂。目前，中药质量标准所应用的标准物质有标准中药材、化学对照品，然而这 2 种标准物质均具有局限性。以标准饮片作为标准物质制定的饮片质量标准才具有科学性和实用性。

较之单一化学成分对照品，标准饮片可提供更多的饮片性状、化学成分等信息，可以弥补单体化学成分作为对照的不足。标准饮片可从整体上体现炮制的作用，科学地评价生、制饮片质量。因此，针对炮制前后药性发生明显变化的饮片，研究制定体现“生熟异制”质量属性差异的饮片标准，是中药饮片质量评价体系中亟需解决的关键问题之一。

四、中药饮片全国大流通问题

目前，中药饮片的流通管理模式依据各地历史沿袭下来的治病用药特色而定，这有利于保留和发挥地方炮制品种的特色。鉴于当前交通便利、人员交流频繁、异地用药需求增加的情况，《国家中药饮片炮制规范》应发挥其优势，国家标准制定部门以“求大同、存特色”为原则，梳理各省、自治区、直辖市相同或相近的饮片炮制工艺，统一制定国家中药饮片炮制规范，以减少中药饮片流通应用的不便，满足民众的用药需求；地方的中药饮片炮制规范则保留真正体现地方炮制特色的饮片品种，促进炮制技术的传承创新。

同时，在饮片流通环节，还应采用信息技术，加强对药材生产、库存、物流、资金流转、质量监控等环节的管理，建立中药饮片电子商务信息和现代中药饮片物流配送平台，提高中药饮片企业的服务水平，实现中药饮片流通的信息化和可追溯。

五、中药炮制技术传承问题

中药炮制是中医药学文化遗产的重要组成部分，是中医实施辨证用药的基础，是中医药文化传承体系的主要内容之一。传承、发展中医药文化对于提升我国民众的健康水平具有重要意义，而在传统中医药传承中，对我国独有的制药技术——中药炮制技术的挖掘和传承则尤为可贵。一方面，中药炮制技术具有历史和文化价值，它所承载的意义已远远超出了“医”和“药”的本身；另一方面，炮制技术还具有经济推广价值，只有大力提升具有独立知识产权的中药炮制技术的地位和水平，中药饮片才能在激烈的医药竞争中脱颖而出，从而带动中药产业的发展，更好地为人类健康事业服务。

目前，传统中药炮制技术面临失传的风险，其主要原因如下：市场需求与日俱增，传统手工炮制的饮片无法满足逐渐扩大的市场需求；企业规模化生产和机械化炮制的大规模应用，导致传统手工炮制人员难以生存；传统炮制技术传承人年龄大、数量少，接班人难寻，众多传承资料、技术和工具相继失传。在传统炮制技术传承方面存在的主要问题及解决对策如下。

（一）在传统炮制技术传承方面存在的主要问题

1. 中药炮制文献挖掘不足

长期以来，有关传统炮制理论的书籍和文献研究数量不多，具有地方流派炮制特色的中药饮片在全国影响不大。众多散落在民间的资料没有经过集中、统一的整理和管理，极具地方特色的炮制工艺和技术逐渐式微，使中药饮片加工业不能充分凸显其优势和特色。

2. 中药炮制技术缺乏传承

“小作坊”式的个体加工炮制占据了中药饮片加工炮制的半壁江山。在这些中药饮片加工炮制个体中，有身怀绝技的饮片加工炮制刀工，有精通饮片加工炮制的工艺传人，有可利用感官测试中药饮片质量的筛拣工等，他们凭借几代人几十年来“师带徒”的方法，靠自身努力练就了独特的炮制技能，但由于受到祖传技艺的限制，这些炮制技能难以广泛应用而逐渐退出历史舞台。

因此，应进一步推广传统“师带徒”的传承模式，在饮片生产中将传统中药炮制经验转化为炮制规范，大力培养饮片生产技术人员，这也是目前主流的传承方式；同时，国家还应加强地方流派炮制技术的传承，在主流炮制技术传承的基础上，重点传承具有鲜明地方特色的炮制技术；另外，应加强临方炮制方法的传承，临方炮制方法必须随方传承，以长期从事中医药临床医疗实践的中医大夫为传承主体，临方炮制方法适合由具有饮片炮制加工资质和生产条件的临床单位进行传承。

3. 中药炮制传承人才缺乏相应待遇

对于中药炮制传承人才，由于缺少相应的政策倾斜和经济补贴，人才流失较为严重。

（二）解决对策

对于传统流派的炮制技术，国家有必要通过科技立项的方式，从人才、技术和文献等方面进行系统的传承研究。通过研究，我们将可以挖掘、整理传统炮制技术的学术思想、炮制经验、炮制理论和炮制工艺，探讨传统炮制技术形成的社会、文化背景，总结炮制技术形成规律及技术特色，为中药炮制及中医药发展提供借鉴；同时还可深度发掘炮制传承人才，为传统中药炮制技术的传承奠定人才基础。

文献整理应突出一个“全”字。文献研究者可通过实地采访、录像访问等多种方式，大量检索、归纳和总结中药炮制相关的文献。目前已经出版发行的《樟树中药炮制全书》和《建昌帮中药炮制全书》等著作，为传统炮制技术的流传提供了完整的文字资料。

技术传承应突出一个“深”字。相关部门可通过组建相关传承平台，深入而系统地挖掘具有传统和地域特色的炮制技术，为传承和创新传统炮制技术奠定基础。

人才传承应突出一个“用”字。一方面，可通过邀请老药工担任技术顾问或客座教授，将他们的炮制绝技传授给学生；另一方面，遴选炮制传承继承人，通过“师带徒”的方式对优选出来的学生进行实训。

六、中药饮片科研创新问题

中药饮片作为临床基本药物的重要组成部分，是中医发挥临床疗效的物质基础。当前，中医药的发展方兴未艾，中药炮制技术的传承和创新愈加得到国家的重视和政策的支持。经过“十五”时期以来多项炮制领域的科研项目的实施，中药饮片产业在工艺技术、生产装备、质量管理等方面有了长足的发展，但在炮制技术内涵挖掘、生产过程原理解析、炮制工艺创新等方面尚存在较大的不足。中药饮片生产企业应以提高临床疗效和解决制约中药饮片产业发展的关键问题为核心，推动中药饮片产业的创新发展。

（一）中药炮制科学内涵等基础研究薄弱

中药炮制理论及其内涵的挖掘是中药炮制学科的核心，可为饮片生产技术的提升奠定基础，是中药饮片产业“守正创新”的基石。但当前炮制机制研究进展缓慢，炮制机制较为清晰的饮片依然只有川乌、附子等个别毒性饮片，多数饮片的炮制机制研究仍不清晰，能真正用于指导饮片生产和质量控制的研究成果不多。造成这种状况的原因主要有两方面：第一，中药饮片的炮制机制较为复杂，多数饮片的炮制目的是缓和药性，炮制前后化学成分变化不显著，差异性的功效评价就更为困难；第二，目前的炮制机制研究多围绕传统炮制理论而设计，如酒炙升提、盐炙入肾，这些研究依然停留在解析炮制理论层面，炮制理论创新方面的研究较为罕见。炮制理论研究需要结合中医临床实践，创新炮制理论，发掘临床价值高的炮制品的炮制机制，以精准提高饮片的临床疗效。同时，炮制理论研究还应加大与其他学科的共融互渗力度，以多层面揭示中药炮制理论的精髓，推动中药炮制基础理论的提升和创新。

（二）中药饮片生产技术传承与创新不足

炮制工艺的客观化评价仍是中药饮片生产中的瓶颈问题。在饮片生产工艺中普遍存在的问题如下：炮制工艺判定存在大量的模糊概念，缺乏明确的定量特征，炮制程度全凭药工师傅主观的感官经验判断而难以量化，炮制终点判定标准因人而异等；饮片生产过程缺乏客观的工艺技术标准，缺乏反映炮制过程的监控指标，饮片生产水平与智能化、标准化的饮片生产制造水平尚存在较大的差距。饮片生产企业需要加强饮片生产技术的传承创新研究，为中药饮片规范化和标准化生产提供强有力的支撑。

现有的中药饮片生产企业还存在一些守旧思想，利用现代技术进行中药饮片产业创新的意识不强，使得炮制机械设备的现代化程度停滞不前、未能形成集成化和信息化生产，这也是中药饮片产业创新中亟待解决的问题。

（三）中药饮片科研思路和方法创新不足

近年来，各种创新名义的饮片相继进入市场，但这些创新形式的饮片，如超微饮片、纳米饮片，只是改变了饮片片型，在炮制方法、炮制工艺等方面未有实质性的创新，只能称之为深加工饮片。对于创新饮片，研究者必须提供科学、扎实的基础研究数据，确保其安全性和有效性，并结合临床研究才能使其进入市场；国家管理部门也需要在饮片创新方面给予政策指引，引导中药饮片产业的创新发展方向。

中药饮片产业的发展创新，关键在于科研思路和方法的创新。中药饮片的创新应以“传承与创新并重、科学与实用兼顾”为原则，首先，从科研思路上进行创新，结合生产的具体情况设立科研项目，创新目标应是解决饮片生产当中存在的实际问题，研究内容要注重与饮片产业发展相结合，加深理论和原理的研究工作。其次，从科研方法上进行创新，要注重应用现代科学知识和技术，提高饮片生产的质量和效率。

中药饮片生产企业应提高自身创新能力，增强市场意识，同时发挥自身在中医药科技成果产业转化中的桥梁作用，完善相关政策和科研人员的评价考核激励机制，切实发挥创新主体作用，以良好的市场机制推动产学研深度融合，从整体上带动我国饮片产业的高质量、高速度发展。

第二节　中药饮片产业发展趋势和策略分析

中药饮片产业处于整个中药产业链的核心位置，不仅影响中药产业的整体发展质量与效益，更对中医药事业的长期发展具有关键性的影响。中药饮片产业链条长，影响因素多，标准的欠缺和不足、资源的盲目利用和企业的无序竞争、制造装备落后、自动化和智能化水平低等问题较为突出，这些问题都对中药饮片产业的高质量发展有着较大影响。

一、中药饮片产业发展趋势

（一）中药饮片生产呈现特色化与专业化态势

1. 中药饮片国家标准体系进一步完善

2016—2022 年，中药饮片抽检不合格公告批次近 5 000 批，涉及近 500 个品种，覆盖了临床常用品种。若要提升中药饮片质量，除控制源头药材质量、加强流通过程监管外，应对常用、大宗的品种建立全国统一的中药炮制规范，让企业有法可依，树立“产品质量是生产出来的”的理念，以确保常用中药饮片的质量稳定。

目前，《中国药典》《国家中药饮片炮制规范》和地方中药饮片炮制规范正在构建相辅相成、各有侧重的中药饮片生产质量控制体系，提高了对中药饮片的质量要求，有效保证了中药饮片的质量。伴随中医药事业的蓬勃发展，中药饮片产业已进入前所未有的高速发展时期，国家逐步出台了全国统一的中药饮片炮制规范，各省、自治区、直辖市的中药饮片炮制规范仍可收载本地区习用的特色品种和炮制工艺，这既尊重、保护了地方特色，又满足了行业发展和监管提升的要求，将为中药饮片的科学监管提供强有力的技术支撑。

2. 中药饮片特色化与专业化的态势日益显著

中药饮片由上游的中药材加工而来；同时，不仅是下游中成药、中药配方颗粒的主要原料，还可作为药品直接在医疗机构出售。因此，中药饮片既是中成药工业的重要原料，也是中医临床疗效的关键物质基础。近年来，得益于现代包装、信息化溯源、配送等技术的快速发展，小包装中药饮片得到了快速发展，中药饮片的产品形态发生了一系列显著的变化；此外，区域特色中药饮片、精品中药饮片、工业中药饮片也分别满足了部分特定用户群体的需求，得到了长足的发展。

从产品层面看，生产企业将趋向于大宗普通品种和特色优势品种相结合的经营之道，专注于各自的经营目录，开展差异化经营，“大而全”的经营模式未必是最佳选择。在国家中药饮片炮制规范统一的大趋势下，中药饮片特色化、专业化的态势将日益显著。

（二）中药材产地加工逐步规范化

2021 年 7 月，国家药品监督管理局就中药饮片生产企业采购产地加工（趁鲜切制）中药材的有关问题对安徽和甘肃进行了正式复函，该复函引起全行业的高度关注。该复函明确了四项内容：①产地趁鲜切片的中药材（即农副产品），不可作为饮片直接流通销售；②产地初加工，是中药饮片质量管理的前端延伸，需配套完整的生产记录、质量追溯和问责机制等，饮片企业不能当“甩手掌柜”；③国家希望通过产地初加工，来引导中药饮片企业走向原产地，带动溯源基地和订单农业建设；④尊重传统，鼓励探索。

复函发布后，“产地趁鲜切片”遂成为 2021 年中药饮片行业的热点词汇之一。2021 年 7 月至 12 月，山东、甘肃、云南、湖北、安徽等省率先发布了产地趁鲜加工中药材品种。各省出台的政策都反复强调：中药饮片企业对采购的趁鲜加工中药材承担质量管理责任，不得从中药材市场或个人处采购；不得从体系不全、资质不具备处采购；不得直采直包。

目前，各省中药材产地趁鲜切片政策的适用范围均是省内，生产企业主要通过自行收购鲜药材加工、采购合规的趁鲜加工品种、协议委托产地加工企业加工等几种形式获得产地初加工药材。虽然有的省份已公布了产地趁鲜加工中药材品种目录，但截至目前，如何执行跨省采购趁鲜切制中药材的政策仍未完全落实。

（三）中药饮片行业集中度逐步提升

近年来，我国医保收支矛盾日益突出，医保控费压力巨大。中药饮片产业主营业务收入持续多年的高增长，中药饮片在医保支出中占比的逐渐增高，已引起医保部门的关注。2020 年 9 月 1 日起，《基本医疗保险用药管理暂行办法》正式施行，该办法明确了中药饮片采用专家评审方式进行调整；中药饮片的“甲乙分类”由省级医疗保障行政部门确定；中药饮片部分，收载基本医疗保险基金予以支付的饮片并规定不得纳入基本医疗保险基金支付的饮片。

可以预见，随着医保控费的不断深入、医保支付方式的不断优化，中药饮片的合理用药和医保支付政策也将面临调整、优化，这将对中药饮片产业产生持续、深入的影响，规模小和集约化程度低的企业将难以为继。

2020 年，我国中药饮片加工企业有 2 400 余家，全行业加工收入为 1 782 亿元，平均每家企业收入仅有约 7 400 万元，利润仅有 500 余万元。行业低集中度、生产低集约化必将为未来的行业整合、提升提供空间。

（四）中药饮片企业从单一生产型转向生产与服务相结合

中药饮片行业虽历经数千年的发展，但规范化和产业化的时间并不长。我国古代传统药店为前店后厂的经营模式，药店自行加工原药材，自制成药或中药饮片销售。20 世纪 50 年代，我国完成了工商业的社会主义改造，各地药店陆续将中药生产从前店后厂的模式中分离出来，单独成立专业的中药厂。随着专业分工的强化，大批量的药材逐渐由药材公司提供。随着各地中医院的广泛建立，中药饮片的需求量日益增加，部分药材公司开始从事中药饮片加工业务。1982 年，我国中药市场开放。1985 年，国家开始实施《药品管理法》，结束了药店自行制作药剂和中药饮片的历史，中药饮片加工业逐渐壮大。随着我国药品监管的规范化，中药饮片生产企业必须在符合 GMP 的条件下进行生产。2003 年，第一家中药饮片企业通过 GMP 认证。

近年来，部分中药饮片生产企业积极向中药流通、仓储、配送等产业链上下游延伸，尤其是积极拓展线上业务，代煎、智能配送逐渐成为中药饮片企业的重要发展领域。有的企业已经进行代煎药液直接制粒的产业化尝试，如产业化应用成功，将进一步方便病人使用中药，较好地解决中药汤剂服用和携带不便的问题。

（五）中药饮片生产的自动化与智能化水平逐渐提高

中药材产地加工设备落后，自动化水平低，甚至停留在手工和半手工阶段，缺乏现代自动化设备的应用；中药饮片加工炮制设备主要有洗药机、烘干机、炒药机、炙药锅、蒸药锅、煅药炉等，中药饮片炮制设备智能化水平低，大多数为单机设备，缺乏现代信息技术和控制技术的应用，难以监控生产过程，不能保证中药饮片质量。设备生产企业亟待研发新型产地加工设备、智能化中药炮制设备和信息化管理系统，以提高生产效率，规范中药饮片生产流程。

受到产业格局的影响和制约，中药饮片加工生产集中度和技术水平一直较低。中药饮片自动化加工技术的提高，主要取决于中成药前处理规模的发展。目前，大部分已通过 GMP 认证的中药饮片生产企业基本上实现了炮制工序单元操作的机械化、电气化，但不同企业、各炮制环节的机械化程度存在较大差距。

近年来，大型中药饮片企业新建的生产线逐步迈向生产自动化，尤其是随着中成药生产自动化、规模化程度的加深，在其对原料中药材和中药饮片高效率、规模化前处理的需求带动下，中药材和中药饮片加工处理设备数字化、自动化的趋势逐渐明显。未来，随着我国人口红利的逐渐消失、劳动力价格的不断攀升，劳动力较为密集的中药饮片加工产业将面临较大压力。自动化、智能化必将成为未来中药饮片生产的发展方向。

二、中药饮片产业发展策略

（一）构建科学有效的监管和法律法规标准体系

中药饮片是中医临床用药的核心物质基础。当前，对于中药饮片的监督管理，国家基本形成了以《中医药法》《药品管理法》为核心，包括《药品管理法实施条例》、GMP、GSP 和《中国药典》等行政法规、部门规章和质量标准在内的监管标准体系。

1. **中药饮片标准对行业发展至关重要**

标准是监管的尺子和天平，尤其作为强制性国家药品标准的《中国药典》是维系药品监管平衡的决定性因素。中药饮片标准随着科技水平的不断提升而完善和提高，这对产业发展是有积极作用的，但目前中药饮片标准的起草存在着对中药饮片质量进行全面控制和降低检测成本的矛盾。部分中药饮片标准采用多成分同时测定的方法，该方法使用多种标准品，导致中药饮片生产成本大幅度增加，给企业增加了监管和经营成本的压力。饮片国家标准的理念、策略与饮片产品、产业、系统特点之间的落差日益显著，两者不匹配的系统性矛盾逐渐凸显。

标准的制定要坚持“科学服务于标准，标准服务于监管，监管面向现实”的原则。中药标准工作的价值取向应是通过标准理念和工作流程的创新，进一步提升检验效率和改善监管效能，从而有利于提高中药产品质量的稳定性和可控性。因此，要建立符合饮片特点和契合监管现实需求的标准，必须从饮片产品“半工半农”的特质出发，结合饮片品质形成过程多因性的特点，立足饮片加工业发展历史阶段的现实状况，并与当前法律框架体系、监管能力协调，实事求是，坚决落实中央文件“提高中药质量稳定性和可控性”的要求，着力避免强制性国家饮片标准盲目追求产品和技术最优化的导向，避免过度追求检验指标的完备性、片面强调标准技术方法的先进性，一切从监管实际需求出发，着力避免中药标准领域出现“仪器驱动检测技术，技术引导标准走向，标准拖拽监管”的被动局面，从而建立起科学、合理、可行、严谨的饮片标准。

中药饮片标准对中药饮片行业的发展影响深远。中药饮片的原料是中药材，大部分中药材源自天然。中药饮片形态差异大、原料波动大、物料不规则，影响中药材和中药饮片质量的因素众多，导致加工过程标准化、规范化较为困难，使得保证中药饮片质量成为具有多因性的复杂系统工程。另外，中药饮片产品品种多、规格多、生产批次小、规模波动大、市场价值低。从产品属性上看，中药饮片介于中药材和中成药之间，属于半工业半农业产品；同时，中药饮片和中成药又同属药品，是满足人民健康需求的特殊商品，具有特殊性。因此，制定中药饮片的强制性标准必须从现实出发，使其符合产品的属性和特点。

2. 引导中药饮片企业发挥自身特点开展委托生产加工

过去普遍认为中药企业生产污染较小，无废气、溶剂污染，但存在粉尘、废水、废渣、噪声污染等环境问题。近年来，随着我国环保要求的提升，环保问题也日益成为中药饮片企业必须面对的现实难题。大多数中药饮片企业规模小、利润低、环保意识较差、设施投入少、运营管理不规范。随着环保整治的不断升级，企业不得不投入大量资金完善环保设施，维持日常运行。生产监管和环保压力的加大，虽然短期可能造成中药饮片生产供给承压，但从长期来看有利于倒逼中药饮片行业淘汰落后的产能，促进规范化生产及企业的升级改造。

随着生产监管和环保要求的提高，中药饮片企业产能瓶颈凸显。随着我国经济从高速增长转向高质量发展，产品质量、生产合规及环保方面的要求将持续提升。近年来，我国逐步加强药品监管力度，采取飞检常态化、高频次抽验及严格执行 GMP 等措施对药品生产企业及其产品进行严格监管，并吊销一批问题严重企业的 GMP 证书。中药饮片企业是 GMP 证书收回的“重灾区”。2018 年 8 月，国家药品监督管理局印发了《中药饮片质量集中整治工作方案》，在全国范围内开展了为期一年的中药饮片质量集中整治行动，严厉查处中药饮片生产、流通环节的违法违规行为。2020 年 2 月，国家药品监督管理局印发了新一轮《中药饮片专项整治工作方案》，开始了为期一年半的中药饮片专项整治工作。2022 年 2 月，国家药品监督管理局召开深入开展全国药品安全专项整治行动工作会议，会议再次明确，各级药品监管部门应开展专项整治行动，以严厉打击制售假药劣药、违法生产中药饮片、网络非法销售为重点，严防、严管、严控质量安全风险。中药饮片专项整治行动的间隔周期越来越短，持续时间越来越长，专项工作日益常态化。

为推动生产规范化、质量可溯化、品种特色化、流通全国化的产业格局的形成，国家鼓励中药饮片生产企业发展优势饮片品种，提高工艺成熟度和产品质量；对部分（如煅制类、制炭类、发酵类等）生产量和销售量小、生产工艺复杂、生产过程技术水平要求高、生产成本高、能耗高的中药饮片品种，允许企业委托生产。

3. 中药饮片包装回归本身属性

中药饮片包装必须满足药品质量和数量的要求。适当的包装，可有效防止中药饮片吸潮、污染和变质，减少损耗，便于贮存养护和运输，但目前包装存在着标签项目不完整、名称不规范等诸多问题。目前，国家对中药饮片包装规格未做出统一规定，生产企业在规格制定方面较为随意。早期，小包装是为包煎、先煎、后下或毒麻品种的调剂方便和计量准确而设定的，而现在小包装已呈现全品种化趋势，同一药品包装规格大小不一，甚至同一药品同一装量规格在包装或包材选择等方面，企业也是各行其是，致使中药饮片包装规格混乱，难以规模化生产，生产效率低下，同时包装材料浪费极其严重。

为减少浪费，提升效率，相关部门应规定除有先煎、后下等特殊要求和产品性质特殊的品种外，其他非必要品种取消小包装规格，对中药饮片包装进行规范约束，以促进中药饮片生产的规模化和自动化。

4. 破除中药饮片流通壁垒，优化产业竞争格局

《药品管理法》规定："中药饮片应当按照国家药品标准炮制；国家药品标准没有规定的，应当按照省、自治区、直辖市人民政府药品监督管理部门制定的炮制规范炮制……不符合国家药品标准或者不按照省、自治区、直辖市人民政府药品监督管理部门制定的炮制规范炮制的，不得出厂、销售。"全国统一的饮片炮制规范，可破除中药饮片流通壁垒，使符合标准的中药饮片在全国范围内自由流通。

受销售模式影响，一般中药饮片企业生产品规少则数百种，多则上千种，这给中药饮片生产企业造成了巨大的生产和检验压力。中药饮片企业应结合自身优势，抓住优势品种做精、做透、做大，避免走"小而全"的路线。相关部门应鼓励企业通过资本运作的方式，成立大的中药饮片产业集团，在道地产区建立中药饮片企业，生产道地品种和大宗品种，大力发展区域化中药饮片生产，减轻品规过多带来的生产与经营压力，培育中药饮片"大品种、大品牌、大市场"，使饮片生产加工从效益低、集约化差的困境中解脱出来，形成"生产规范，质量可溯，产地加工，全国流通"的产业格局。

（二）规范中药材种植和产地加工

中药材作为中药饮片的原料，其种植和采收加工决定着中药饮片的质量。自20世纪80年代起，近百种人工种植的中药材逐渐取代了野生采集的中药材，成为中药材市场的大宗主流品种。这种中药材来源的根本性变化，对中药饮片的品质造成了巨大影响。受中药材种源、种植环境、种植技术、种植管理、采收加工、仓储运输等多方面因素的影响，中药材质量参差不齐。在栽培技术上，农户大量使用化肥、农药、杀虫剂、助壮剂、膨大剂等；在栽培模式上，南药北种、西苗东栽等现象突出；更有农户、加工与经营人员等采用染色增重、掺杂使假、以次充好、过度硫熏等非法手段，使伪劣中药材流入市场，直接影响了中药饮片质量。使用脱硫剂处理熏硫的中药材，可使二氧化硫残留量显著降低，从而符合标准规定，但是脱硫剂含酸性或碱性成分，对中药材有效成分有较大影响。由于国内尚无药用植物种植的强制性法规，中药材的种植和采收加工不受控制，导致药材质量参差不齐，中药饮片企业为寻找符合国家标准的原料药材，花费了大量人力、物力，中药材成为制约中药饮片产业发展的重要因素之一。药监、卫生、农业等部门应组织力量加强人工种植药材的研究，指导农民进行科学的种植与采收加工，从而提高中药材质量，保障其质量的稳定、可控，为保证中药饮片质量奠定物质基础。

中药材具有药品和农副产品的双重属性，中药材经营未实行许可管理制度，城乡集贸市场、社会群体组织、单位及个人均可自由购销中药材。中药材既可在市场内经营，也可在市场外销售。中药材专业市场普遍存在市场经营秩序规范难的问题，问题主要表现在中药材市场经营主体繁杂、经营方式不一、经营群体散漫、市场管理难度大、缺乏统一权威的中药材市场管理规范等方面。中药材经营者流动性大，亦农亦商，遍及城乡，多无固定场所。加之部分药农药商守法意识、诚信观念不强，易受经济利益驱使，掺杂使假、贴牌生产等违法违规现象显著。但受制于中药材市场监管力量薄弱、对未进入中药材专业市场的中药材质量缺乏必要的控制把关措施，控制假劣中药材流入药品生产经营使用单位难度较大。

中药材质量的不稳定和产地加工的不规范，致使下游中药饮片企业经常陷入无合格中药材可用的困境，企业在寻找合格原料上花费了大量精力。药材好，药才能好。国家药品监督管理部门必须注重中药材的生产管理和规范，最大限度地控制影响中药质量的诸多因素，量化并严格执行工作作业标准，保证其安全、有效、可靠。科学合理地布局道地药材种植基地，进一步完善道地药材生产技术标准，扶持具有中药饮片全产业链生产能力的重点企业，实现全程监控，才能达到有效控制药材质量的目的。另外，国家还应支持重点企业发挥自身优势，开展品质良好的道地药材、重点品种种植和产地加工作业，以稳定中药质量，满足市场需求，带动中药材和饮片生产的规范化、标准化、统一化，加快中药产业的发展进程。

（三）强化中药饮片技术科技创新研究

《中医药法》第二十七条规定："国家保护中药饮片传统炮制技术和工艺，支持应用传统工艺炮制中药饮片，鼓励运用现代科学技术开展饮片炮制技术研究。"根据有关要求，相关部门应鼓励中药炮制技术研究，做好传承与创新，非传承则无以发展，非创新则无以提高。本书建议审慎研究、妥善处理、有序推进基于中药炮制理论和技术研究的创新饮片产品的注册、监管及知识产权保护工作。

2020 年版《中国药典》"凡例"对中药饮片做出了明确的定义："饮片系指药材经过炮制后可直接用于中医临床或制剂生产使用的药品。"根据《药品管理法》相关规定，中药饮片按照国家药品标准和地方炮制规范生产、销售和使用，绝大多数中药饮片无须注册准入。创新中药饮片在现行的药品注册体系中并无申报路径，想要进入我国药品标准体系也面临重重困难，这使得中药炮制学科的研究始终停留在理论层面，只能证明古人炮制技法在理论上的合理性，但却不能在继承传统炮制技法和理论的基础上，针对当下中药材生产实践中的新问题，通过创新中药炮制理论和实践技术，实现创新中药饮片的研制和中药饮片的提质增效。

中药传统炮制技术是我国中医药文化的特色，加工炮制对中药饮片质量有着重要影响，目前，我国在这方面的传承和创新仍处于相对滞后的阶段。因此，中药传统炮制技术的创新式传承应是中药饮片产业发展的重点。此外，探索中药饮片炮制机制一直是中医药行业的研究重点，企业、政府及研究机构都应该提高对中药饮片炮制机制的重视程度，将理论研究和生产实践相结合，实现中药炮制标准从经验走向科学的转变。企业可以从炮制过程评价、中药设备研发及中药传统炮制技术人才培养 3 个方面进行创新。

国家应加强中药饮片炮制原理、药效物质基础等基础研究，建立与炮制品功效相关且具有生、制品个性特点的中药饮片质量标准，提升质控指标的科学性和可行性，以便更合理地控制中药饮片质量。在全面调研和研究的基础上，标准制定单位应修订部分品种的标准与限度，保障中医临床用药安全。

综上所述，相关部门应积极打通中药饮片传承创新的通道，发展中药炮制理论，拓展行业边界。厘清中药炮制的理论与实践、传承与创新的边界，对中药饮片行业的健康发展至关重要。

（四）加快构建激励优质中药饮片发展的政策体系

2019 年，ISO 正式发布了《中医药 – 中药材商品规格等级通则》国际标准。该标准是目前 ISO/TC 249 在中药领域首个获得发布的框架性标准通则，主要规定了中药材商品规格等级划分的原则、依据和要求等，制定了适用于国际贸易中单个药材商品规格的等级标准，对于指导单个药材建立规格等级标准，规范中药材国际市场流通秩序具有重要意义。中药饮片的前端是中药材，中药材商品规格等级势必与中药饮片的质量等级关系密切。

多年来，构建优质优价的饮片价格形成体系一直是中药饮片行业的期望。然而，实际上，目前中药饮片既不存在价格限制，也没有统一的基准医保支付价格，自然并不存在优价的可能性。饮片优质优价问题，实质上仍是一个伪命题。基于优质标准的饮片产品，在招标采购、医保支付中优先中标，即“优质优先”，或许是当下最有可能的选择。“优质优先”包括 3 个关键环节：制定优质标准、认定优质产品、给予优质产品奖励。首先，构建优质饮片标准体系，应首先明确何为优质饮片，并在此基础上，制定出合理的优质饮片标准，以优质标准来评价、彰显产品的优质性。因此，在现有强制性国家药品标准的基础之上，探索论证推荐性国家中药标准的可行性，为优质饮片标准开拓实施空间，成为建立优质饮片标准体系的关键。其次，如何认定优质饮片产品，由谁来认定优质饮片，由谁来检验优质饮片？仍然需要相关监管部门明确优质标准的认定和检验机构，制定明确的规则及流程。最后，有关部门要依靠合理的市场机制奖励优质饮片的生产者。政府需研究探索、制定出台“优质优先”政策，推动招标采购、医保优先采购等，优先支持优质饮片产品。医疗机构应优先采购优质饮片，企业应建立全产业链、全过程的追溯系统。符合优质标准的优质中药产品，医保支付应给予合理、稳定的价格保障，以保障优质饮片获得市场竞争优势，从而调动企业主动生产优质饮片的积极性。

随着中药标准化项目的实施，中药等级标准逐步完善，中药质量追溯体系建设进程加快，推行优质优价的技术条件和行业共识已经形成，优质优价将实现行业的良性循环，正向激励企业种好药、制好药、卖好药，将好药留在中国，最终让病人用上好药。

（五）广泛培养行业人才

中药饮片产业在发展过程中，需要大量适应乃至引领产业发展的高素质技术人才、监管人才、经营管理人才等产业人才。中药饮片生产企业需要不断提升企业自身的人才水平，培养具有高素质与高水平专业能力的专门人才。

在中药饮片生产企业生产一线从事中药炮制的工作人员中，精通炮制技术的不多。由于对中药炮制的重要性、复杂性认识不足，企业将中药加工炮制定位为简单的劳动，未能注重中药饮片炮制专业技术人员的配置和业务培训；炮制工作环境较差，劳动强度大，受过高等教育的专业技术人员对中药炮制一线生产工作的理解与责任意识不够，难以掌握炮制关键技术，给中药饮片质量带来隐患。企业应加强对中药炮制从业者的培训，尽快实施中药炮制从业者的职业技能认证，提升中药炮制从业者的专业水平和业务能力；提高一线从业者的待遇，为一线从业者提供较好的工作环境，从而提高中药饮片质量，提升企业的核心竞争力。

另外，由于中医药文化体系建设相对薄弱，大众认同度有待进一步提高，中医药文化科普仍有较大的提升空间。本书建议充分利用互联网直播、短视频等新媒体方式，用现代化语言解读中医药文化、展示中药炮制工艺及炮制流程，丰富向民众科普中医药知识的途径，使民众在生活实践中更好地掌握中药知识，更加合理、有效地应用中药饮片。

（六）充分发挥中药饮片行业协会的桥梁与纽带作用

行业协会在行业发展中有着重要的作用，在沟通、协调、监督、公正、统计、研究、行业服务等方面承担着一定的职能。中药饮片行业协会应充分发挥桥梁与纽带作用，承担在行业服务、行业自律、行业代表、行业协调等方面的职能，践行服务政府、服务行业、服务企业的初心与使命，发挥在规范市场行为、信息交流与技术经济合作、推动企业技术创新和产品质量提升、标准规范制定和修订、保护知识产权及相关权益等方面的作用，与行业管理部门、饮片生产企业精诚合作，积极推进中药饮片行业的健康发展。

中药饮片企业应抓住发展良机，结合自身地域或者技术优势培育优势品种，避免走“小而全”的路线，坚持“传承与创新深度融合”，坚持“主动向上游拓展、保证优质稳定的原料供应”，致力于中药材产地加工与炮制一体化。中药饮片大品种、大品牌、大企业的产业格局正在形成，中药饮片产业正迎来光明的未来。

参考文献

[1] 李耿，高峰，毕胜，等. 中药饮片产业面临的困境及发展策略分析 [J]. 中国现代中药，2021，23 (7)：1139 - 1154.

[2] 张萍，郭晓晗，荆文光，等. 2020 年全国中药材及中药饮片质量情况分析 [J]. 中国现代中药，2021，23 (10)：1671 - 1678.

[3] 于文明. 深入实施中药标准化项目　促进中药产业发展提质升级 [J]. 前进论坛，2021 (4)：24.

[4] 秦宇龙. 中药现代化助力产业跨越式发展 [J]. 中医药管理杂志，2019，27 (19)：34.

[5] 张伯礼. 传承精华　守正创新　再创辉煌 [J]. 中医杂志，2020，61 (1)：1.

[6] 黄依琳. 医药制造业税收负担研究——基于我国 255 家上市公司数据的分析 [D]. 长春：吉林财经大学，2021.

[7] 张伯礼，张俊华，陈士林，等. 中药大健康产业发展机遇与战略思考 [J]. 中国工程科学，2017，19 (2)：16 - 20.

[8] 张雪，孙婷，孙婉萍，等. 我国中药饮片行业发展现状及存在的问题研究 [J]. 中国药房，2018，29 (13)：1734 - 1737.

[9] 周鸯. 试论四大药都形成与发展的影响因素 [D]. 北京：中国中医科学院，2016.

[10] 王乙同. 基本药物制度下医疗机构中药饮片费用控制研究 [D]. 长春：长春中医药大学，2015.

[11] 武天元. 中药毒性药材炮制研究进展 [J]. 中国中医药科技，2022，29 (1)：170 - 173.

[12] 国家药典委员会. 中华人民共和国药典：一部 [M]. 北京：中国医药科技出版社，2020.

[13] 吴巧娜，徐玉萍. 新型中药饮片的发展 [J]. 河北医药，2017，39（9）：1407－1410.
[14] 徐宏伟. 中药配方颗粒优劣势的探讨 [J]. 中国中医药现代远程教育，2014，12（15）：103－104.
[15] 刘朵，余泽先，桑楣，等. 中药饮片预先捣碎相关问题的分析 [J]. 时珍国医国药，2020，31（8）：1887－1888.
[16] 税丕先，朱烨，牛曼思，等. 有关粉碎中药问题的再商榷 [J]. 时珍国医国药，2017，28（10）：2489－2490.
[17] 李飞鹤，裴妙荣，苏静杰，等. 中药破壁饮片与传统饮片对比研究 [J]. 世界中医药，2021，16（8）：1210－1213.
[18] 杨艳君，邹俊波，张小飞，等. 超微粉碎技术在中药领域的研究进展 [J]. 中草药，2019，50（23）：5887－5891.
[19] 邢晓玲. 浅析超微粉碎技术及其在中药制药中的应用优势 [J]. 世界最新医学信息文摘，2019，19（1）：179，181.
[20] 万新军. 中药饮片小包装的生产、应用及其意义 [J]. 光明中医，2021，36（4）：651－652.
[21] 徐卫宾，单国庆，刘金花. 小包装中药饮片的优势与不足探讨 [J]. 智慧健康，2020，6（26）：93－95.
[22] 杨光，苏芳芳，陈敏. 药食同源起源与展望 [J]. 中国现代中药，2021，23（11）：1851－1856.
[23] 唐廷猷. 中国药业史 [M]. 3版. 北京：中国医药科技出版社，2013.
[24] 陆兔林，胡昌江. 中药炮制学 [M]. 北京：中国医药科技出版社，2014.
[25] 王琦，孙立立，贾天柱. 中药饮片炮制发展回眸 [J]. 中成药，2000，22（1）：33－58.
[26] 中国中药协会. 在继承中发展在弘扬中创新　中药经济50年成就辉煌——中国中药经济50年发展（二） [J]. 中药研究与信息，1999（8）：7－14.
[27]《当代中国》丛书编辑部. 当代中国的医药事业 [M]. 北京：中国社会科学出版社，1988.
[28] 中国中药协会. 在继承中发展　在弘扬中创新　中药经济50年成就辉煌——中国中药经济50年发展（一） [J]. 中药研究与信息，1999

(7)：11－15.

[29] 孙璋．中药振动筛的改进［J］．中成药研究，1983（9）：36.

[30] 杨一声．小型电动筛药箱［J］．中成药研究，1984（11）：31.

[31] 王智勇．GQ－1A 型滚筒式去毛机［J］．中成药研究，1984（5）：34.

[32] 逯佛存，过夕林．立式碾毛机［J］．中成药研究，1984（增1）：62.

[33] 张天恩．利用 SGP－100 型圆盘式切药机退皮［J］．中成药研究，1985（6）：33.

[34] 龚永文．XY－1 型滚筒式中药清洗机［J］．中成药研究，1987（6）：37.

[35] 黄国勇．从机械切片的优缺点谈切药机的改进［J］．中成药研究，1984（11）：31.

[36] 肖定辉．XQY－500 型小型中药切药机［J］．中成药研究，1984（12）：38.

[37] 江熟平．一种多功能切药机［J］．中成药研究，1986（8）：46.

[38] 龚永文．QY－1 型旋转式中药切片机［J］．中成药研究，1987（6）：23.

[39] 王振发．电动碾船［J］．中成药研究，1986（9）：38.

[40] 张珪．中药饮片切制新设备镑片机［J］．中成药，1988（8）：37.

[41] 赵玉华．分粒式中药粉碎机［J］．中成药，1989，11（6）：38.

[42] 王琦，庄立品．DCS 型中药材冷浸软化装置［J］．中成药，1990，12（9）：39.

[43] 彭德和，张乐平．旋转式电动研船的设计［J］．中成药，1992，14（4）：43.

[44] 刘中煜，聂正慧，袁美娟，等．YHW806A 型远红外辐射干燥箱［J］．中成药研究，1984（8）：35.

[45] 徐守德．新型炒药工具——炒药机［J］．中成药研究，1984（10）：35.

[46] 潘穗生．炒药机的简单装置［J］．中成药研究，1984（12）：38.

[47] 张万福，魏步武．中药蒸制工具改革［J］．中成药研究，1985（12）：36.

[48] 高天正．转鼓式炒药机调速机构的改进［J］．中成药研究，1986（9）：38.

[49] 栾延水．矿物类药材煅制设备反火炉［J］．中成药，1991，13（5）：39.

[50] 林衍良．回转式蒸药机设计的探讨［J］．中成药，1991，13（7）：39.

[51] 林衍良．谷、麦发芽装置的初探［J］．中成药，1991，13（10）：34.

[52] 李国祥．多能提取罐在中药炮制蒸、煮、炖、焯法中的应用［J］．中成药，1992，14（8）：42.

［53］顾兆伯．炒药除烟尘的新设备［J］．中成药，1993，15（10）：38.
［54］雷宁霞．中药炮制的烟气净化装置［J］．中成药，1994，16（11）：42.
［55］郑树贵，温化彬，王利民，等．改革饮片包装的探讨［J］．中药材，1990，13（3）：22－24.
［56］肖永庆，原思通，王永炎．关于实现中药饮片生产规范化相关问题的建议［J］．中国中药杂志，2002，27（7）：487－488.
［57］贾天柱．论中药炮制的“四新八化”［J］．药学研究，2019，38（7）：399－402.
［58］秦昆明，蔡皓，李伟东，等．优质中药饮片质量控制体系的构建与产业化应用示范研究［J］．世界科学技术－中医药现代化，2018，20（3）：383－389.
［59］杨冰，杨陆，杨菊，等．新世纪20年：中药炮制装备的时空演变［J］．中国中药杂志，2022，47（5）：1177－1183.
［60］詹娟娟，伍振峰，王雅琪，等．中药材及制剂干燥工艺与装备现状及问题分析［J］．中国中药杂志，2015，40（23）：4715－4720.
［61］谢世平，程传浩．当代中医药事业发展与国家中医药政策法规演变的探讨［C］//中华中医药学会．第十五届全国中医药文化学术研讨会论文集．［出版地不详］：［出版者不详］，2012.
［62］黄金宇．中国共产党百年中医药思想的形成与发展路径［J］．辽宁中医药大学学报，2023，25（1）：156－160.
［63］朱静．中医药在医保现有制度下的窘境和发展［J］．天津社会保险，2017（5）：53－55.
［64］季德，李林，王吓长，等．中药饮片产业链质量控制标准进程与展望［J］．南京中医药大学学报，2020，36（5）：704－709.
［65］万虹．中药饮片生产企业监管中存在的问题与对策——以C市A县为例［D］．重庆：西南政法大学，2019.
［66］李美英，李先元．我国中药饮片管理法规标准体系［J］．中国食品药品监管，2021（6）：32－39.
［67］刘大伟，梁建军．浅谈中药饮片的质量现状［J］．中国现代药物应用，2009，3（20）：184－185.
［68］白秀梅，苏晓丽，岳素雪．大庆市2008—2010年抽验药品质量现状及分析［J］．黑龙江医药科学，2012，35（1）：99.

[69] 严铸云，李羿．中药品质研究现状与展望［J］．成都医药学院学报，2011，6（4）：299－302．

[70] 刘兆龙，田红林．实施《中药饮片 GMP 认证检查项目》中遇到的问题及思考［J］．中医药导报，2017，23（6）：8－11．

[71] 魏锋，马双成．中药材饮片质量安全概况及监管思考［J］．中国食品药品监管，2019（3）：22－29．

[72] 叶震．中国药典的历史概况和 1985 年版简介［J］．西北药学杂志，1986，1（1）：7－10．

[73] 邵怡果，高尚，康廷国，等．中国药典 1990 年版、1985 年版一部中药材及制品部分比较与分析［J］．中国中药杂志，1993，18（6）：374－379．

[74] 王景敏，潘红芳，刘翠华，等．中国药典 1995 年版、1990 年版一部中药材及制品检测方法比较与分析［J］．中医药学报，1997（1）：45－46．

[75] 石上梅，钱忠直．逐步建立和完善提高符合中医药特点的中药质量标准——解读《中国药典》2010 年版（一部）［J］．中国现代中药，2010，12（9）：3－6．

[76] 张鹏，申明睿，李浩，等．《中国药典》2020 年版一部导读［J］．中国药品标准，2020，21（3）：189－194．

[77] 杨岱．中国药典（1985 年版）一部简介［J］．中药材，1986（5）：35－37．

[78] 齐平．中国药典 1995 年版（一部）情况介绍［J］．中国药学杂志，1995，30（8）：498－500．

[79] 于建民．《中华人民共和国药典》2000 年版简介［J］．上海医药，2000，21（6）：36－38．

[80] 钱忠直．2005 年版《中国药典》中药标准的变化［J］．中药研究与信息，2005，7（7）：4－7．

[81] 王明霞．2010 版《中国药典》：变中求进［J］．中国处方药，2010（2）：25．

[82] 张世臣，董玲．从中药炮制立法的历史沿革寄语炮制法规建设［J］．中国中药杂志，2018，43（22）：4365－4369．

[83] 杨磊，张志国．历版《中国药典》炮制通则的演变［J］．湖南中医杂志，2012，28（1）：78－79．

[84] 任庄．《中药饮片临床应用规范》等团体标准发布［J］．中医药管理杂志，2021，29（13）：196．

［85］于江泳，黄琴伟，李恒，等. 我国各省中药饮片炮制规范的对比分析研究［J］. 中国药物警戒，2011，8（11）：654－657.

［86］邹宜諠，陈云，邵蓉，等. 浅谈中药炮制及其辅料的监管现状与完善［J］. 中国新药杂志，2018，27（20）：2346－2350.

［87］李茂忠，孙会敏，谢兰桂，等. 中国药包材的监管和质量控制［J］. 中国药事，2012，26（2）：107－111.

［88］童清泉，彭文兵. 浅谈药包材标准管理［J］. 中国药事，2008，22（9）：739－742.

［89］马静，田亮玉，周鹏. 中药饮片质量评价方法研究［J］. 中国医药导刊，2019，21（2）：95－98.

［90］刘瑞新，郝小佳，张慧杰，等. 基于电子眼技术的中药川贝母真伪及规格的快速辨识研究［J］. 中国中药杂志，2020，45（14）：3441－3451.

［91］吴文辉，王耀登，冷静. 近5年中药饮片商品规格等级的研究进展总结与分析［J］. 中国现代中药，2020，22（11）：1944－1950.

［92］陈梁，李丽，肖永庆，等. 仿野生与人工栽培防风饮片的色彩色差分析［J］. 中国实验方剂学杂志，2013，19（12）：92－94.

［93］冯绘敏，侯一哲，黄天赐，等. 电子传感技术在中药材及农产品分析领域的应用研究进展［J］. 分析测试技术与仪器，2020，26（4）：239－248.

［94］王闽予，朱德全，邓淙友，等. 电子舌技术在中药行业的应用现状［J］. 湖南中医杂志，2015，31（2）：169－171.

［95］刘瑞新，李慧玲，李学林，等. 基于电子舌的穿心莲水煎液的掩味效果评价研究［J］. 中草药，2013，44（16）：2240－2245.

［96］杜瑞超，王优杰，吴飞，等. 电子舌对中药滋味的区分辨识［J］. 中国中药杂志，2013，38（2）：154－160.

［97］工业和信息化部产业发展促进中心和中国医药企业管理协会. 中国制药工业智能制造白皮书（2020年版）［R］. ［出版地不详］：［出版者不详］，2020.

［98］中国科学技术学会，中华中医药学会. 2018—2019中医药学科发展报告：中药炮制［M］. 北京：中国科学技术出版社，2020.

［99］张萍，李宁新，李明华，等. 2019年全国中药材及饮片质量分析报告［J］. 中国现代中药，2020，22（5）：663－671.

［100］张爱霞，辛二旦，边甜甜，等. 新型中药饮片的发展与趋势［J］. 中

华中医药杂志，2019，34（2）：474－476.

［101］魏锋，刘薇，严华，等. 我国中药材及饮片的质量情况及有关问题分析［J］. 中国药学杂志，2015，50（4）：277－283.

［102］蒋敏桃，何畏，赵卫权，等. 中药材监督管理现状及全产业链监管模式创新初探［J］. 中药与临床，2021，12（1）：1－5.

［103］白春林. 蒙药治疗尿路感染疗效观察［J］. 求医问药，2012，10（11）：425.

［104］刘亭亭. 中药材种子种苗市场现状及对策研究［J］. 种子科技，2020，38（7）：103，105.

［105］李耿，郭宇博，李文姗，等. 中药大品种科技竞争力报告（2019 版）概要［J］. 中国现代中药，2020，22（1）：1－20.

［106］陈林伟，秦昆明，朱艳汇，等. 中药材产地加工的研究现状及展望［J］. 中国中药杂志，2015，40（4）：602－606.

［107］杨明，钟凌云，薛晓，等. 中药传统炮制技术传承与创新［J］. 中国中药杂志，2016，41（3）：357－361.

［108］洪智慧，杜伟锋，李小宁，等. 中药材产地趁鲜加工的可行性及相关建议［J］. 中华中医药杂志，2021，36（1）：80－85.

［109］兰奋，宋宗华，洪小栩，等. 2020 年版《中国药典》编制工作和主要内容概述［J］. 中国食品药品监管，2020（10）：10－17.

［110］李桂桂. 中药材质量追溯体系信息化构建概述［J］. 中国现代中药，2017，19（6）：891－894.

［111］赵润怀，温川飙，焦炜，等. 中药材追溯体系建设 10 年回顾与展望［J］. 中国现代中药，2022，24（10）：1823－1829.

［112］宋维军. 智能调剂代煎中心整体解决方案［J］. 自动化博览，2020（3）：90－91.

［113］刘星，许敏华，朱延涛. 医疗机构委托企业代煎中药存在的问题与管理建议［J］. 中医药管理杂志，2019，27（23）：224－225.

［114］李铁，王跃芬. 区域性中药代煎中心 SWOT 分析［J］. 中医药管理杂志，2014，22（10）：1695－1696.

［115］盛力勇，龚晓淇. 智能自动化调剂系统在提高药房工作效率及管理质量中的作用［J］. 中医药管理杂志，2022，30（2）：127－128.

［116］沈晓雄. 个性化医疗：中医走向世界的契机［J］. 中医药导报，2019，

25（4）：1－5.

[117] 罗杨，王小琼，陈超，等. 基于物联网的中药煎药与配送系统应用［J］. 电子技术与软件工程，2019（1）：254－255.

[118] 杨平，林丹，宋菊，等. 日本汉方制剂及其特点与中药新药研究的思考［J］. 中草药，2018，49（9）：1985－1989.

[119] 周嘉琳. 中药配方颗粒进展回顾与展望［J］. 中国现代中药，2016，18（9）：1093－1096.

[120] 宋宗华，王海南，王立新，等. 从中药配方颗粒标准研究探讨国家药品标准形成机制［J］. 中国实验方剂学杂志，2020，26（13）：206－211.

[121] 杨琳，郭宏伟，彭代银，等. “健康中国”背景下中药学类专业设置的思考［J］. 安徽中医药大学学报，2018，37（5）：85－88.

[122] 韩霜. 安国市中药饮片生产行业人才现状及需求调查［J］. 中国药业，2020，29（2）：51－54.

[123] 刘德军，高健，胡玉涛. 中药产业人才需求与职业院校专业设置匹配分析［J］. 职业技术教育，2020，41（35）：20－27.

[124] 龚晋文，王祎，宋金玉，等. 中药产业发展对中药人才的需求与分析［J］. 山西中医学院学报，2011，12（2）：76－78.

[125] 徐航. 中药饮片企业小而全现象突出　专家建议打造特色产品［N/OL］. 经济日报，2018－11－30［2018－11－30］. www. ce. cn/cysc/newmain/yc/jsxn/201811/30/t20181130_30915322. shtml.

[126] 张村，刘颖，肖永庆. 中药炮制规范修订、执行及监管的相关问题探讨［J］. 中国实验方剂学杂志，2019，25（19）：195－197.

[127] 肖永庆，张村，李丽，等. 构建饮片质量保障体系，确保中药临床疗效［J］. 中国中药杂志，2012，37（14）：2178－2180.

[128] 秦昆明，李伟东，张金连，等. 中药制药装备产业现状与发展战略研究［J］. 世界科学技术－中医药现代化，2019，21（12）：2671－2677.

[129] 张村，李丽，刘颖，等. 中药饮片生产模式的变革与生产技术的创新——中药饮片智能化生产可行性探讨［J］. 中国中药杂志，2018，43（21）：4352－4355.

[130] 柯荣勋. 探讨中药饮片质量标准存在问题与对策［J］. 海峡药学，2008，20（11）：172－174.

[131] 舒茜. 中药标准化的问题与对策分析［D］. 南京：南京中医药大

学，2020.

[132] 王涤非. 禁止 or 放开？地方炮制规范饮片能否跨省 [N/OL]. 医药经济报，2021-04-13 [2021-04-13]. www. yyjjb. com. cn/yyjjb/202104/20210413161048104810091. shtml.

[133] 袁忠，宋光胜. 中药饮片发展现状及质量管理分析 [J]. 光明中医，2020，35 (11)：1757-1759.

[134] 宋鑫，吴剑，蒋维晏，等. 基于全生命周期管理的中药饮片质量提升研究 [J]. 光明中医，2021，36 (7)：1173-1177.

[135] 吕慧芳，文林. "互联网+" 背景下中药饮片规范化管理的路径探讨 [J]. 江西中医药大学学报，2020，32 (1)：110-113.

[136] 李永仁. 中药饮片质量管理存在的问题以及改善策略 [J]. 北方药学，2015，12 (4)：143.

[137] 崔永明，莫颖文，周萍，等. 从药事管理角度探讨中药饮片监管现状及对策 [J]. 时珍国医国药，2017，28 (8)：2004-2006.

[138] 吴文辉，伍淳操，郭小红，等. 重庆市传统中药炮制技术传承现状与分析 [J]. 中国医院药学杂志，2017，37 (19)：1883-1886，1926.

[139] 肖永庆，张村，刘颖，等. 中药炮制学科和饮片产业传承与创新过程中几个值得探讨的问题 [J]. 中国实验方剂学杂志，2019，25 (1)：224-227.

[140] 国家医疗保障局. 基本医疗保险用药管理暂行办法（征求意见稿）[EB/OL]. (2020-04-28) [2021-05-28]. http：//www. nhsa. gov. cn/art/2020/4/29/art_48_3059. html.

[141] 李泮海，尹爱群. 中国制药企业制药设备存在的问题与对策 [J]. 中国药事，2013，27 (3)：252-254，257.

[142] 肖永庆，张村，李丽，等. 实施中药饮片区域性专业化生产是中药饮片产业发展的必由之路 [J]. 世界科学技术-中医药现代化，2012，14 (6)：2251-2254.

[143] 张淑娟，王临艳，张育贵，等. 中药饮片行业的现状分析及对策探讨 [J]. 药学研究，2020，39 (6)：341-343.

[144] 曹晖，黄璐琦. 关于中药饮片质量和质量标准及《中国药典》2020 年版饮片标准修订的思考与建议 [J]. 中国食品药品监管，2018 (6)：11-16.

[145] 于江泳，余伯阳，钱忠直，等. 加快编制《全国中药饮片炮制规范》，

规范统一饮片炮制国家标准［J］. 中国中药杂志，2011，36（19）：2751－2754.
［146］谢明，田侃. 药事管理与法规［M］. 2 版. 北京：人民卫生出版社，2016.
［147］孙丽英，林超岱，王智民. 中药饮片行业的现状、问题和建议［J］. 中国中医药信息杂志，2006，13（1）：14－15.
［148］蒋传中，张留宏. 中药饮片面临的质量困境及应对措施［J］. 中国药事，2015，29（9）：900－903.
［149］毛春芹，季琳，陆兔林，等. 中药材硫磺熏蒸后有害物质及其危害研究进展［J］. 中国中药杂志，2014，39（15）：2801－2806.
［150］赵连华，杨银慧，胡一晨，等. 我国中药材中重金属污染现状分析及对策研究［J］. 中草药，2014，45（9）：1199－1206.
［151］张本刚，齐耀东，刘海涛，等. 中药材种植和采收质量管理规范（GACP）专论的探讨［J］. 中国现代中药，2011，13（6）：11－13.
［152］罗朝淑. 中药材之殇：质量问题成产业发展瓶颈［N］. 科技日报，2012－08－30（9）.
［153］黄成禄. 中药饮片问题分析及发展策略探讨［J］. 中国药业，2019，28（12）：96－101.
［154］朱玉洁，申俊龙. 中药绿色供应链绿色生产力实现策略与机制研究［J］. 中草药，2019，50（7）：1515－1522.
［155］李立. 中药传统炮制技术传承与创新［J］. 中外医疗，2018，37（20）：190－192.
［156］窦志英，游强蓁，王晖，等. 中药炮制的继承创新和人才培养模式的思考［J］. 中国中医药现代远程教育，2017，15（14）：24－26.
［157］秦昆明，蔡宝昌. 中药饮片质量标准研究中的几个关键问题［J］. 世界科学技术－中医药现代化，2014，16（3）：519－525.
［158］李丽，刘颖，肖永庆. 中药炮制与饮片领域科研回顾与展望［J］. 中华中医药杂志，2015，30（9）：3053－3057.
［159］金传山. 中药饮片发展现状与原因分析［C］//中华中医药学会. 2014 年全国中药炮制学术年会暨中药饮片创新发展论坛及协同创新联盟会议讲义.［出版地不详］：［出版者不详］，2014：126－133.

附　录

附表1－1　《医疗用毒性药品管理办法》收载毒性中药品种

法规名称	收载毒性中药品种数	具体品种
《医疗用毒性药品管理办法》	27种	水银、生千金子、生川乌、生马钱子、生天仙子、生南星、生巴豆、生甘遂、生白附子、生半夏、生附子、生草乌、生狼毒、生藤黄、白降丹、红粉（红升丹）、红娘虫、青娘虫、闹羊花、砒石（红砒、白砒）、砒霜、轻粉、洋金花、雪上一枝蒿、斑蝥、雄黄、蟾酥

附表1－2　2020年版《中国药典》收载毒性中药品种

法规名称	“性味与归经”项标明毒性及毒性中药品种数	具体品种
2020年版《中国药典》	有大毒10种	川乌、马钱子（生马钱子、制马钱子）、马钱子粉、天仙子、巴豆、巴豆霜、红粉、闹羊花、草乌、斑蝥
	有毒42种	三颗针、干漆、土荆皮、山豆根、千金子、千金子霜、制川乌、天南星、制天南星、木鳖子、甘遂（生甘遂、醋甘遂）、仙茅、白附子（生白附子、制白附子）、白果（白果仁、炒白果仁）、白屈菜、半夏、朱砂（朱砂粉）、华山参、全蝎、芫花（醋芫花）、苍耳子（苍耳子、炒苍耳子）、两头尖、附子（附片、淡附片、炮附片）、苦楝皮、金钱白花蛇、京大戟（京大戟、醋京大戟）、制草乌、牵牛子（牵牛子、炒牵牛子）、轻粉、香加皮、洋金花、臭灵丹草、狼毒（生狼毒、醋狼毒）、常山（常山、炒常山）、商陆（生商陆、醋商陆）、硫黄（硫黄、制硫黄）、雄黄、蓖麻子、蜈蚣、罂粟壳（罂粟壳、蜜罂粟壳）、蕲蛇（蕲蛇、蕲蛇肉、酒蕲蛇）、蟾酥

续表

法规名称	"性味与归经"项标明毒性及毒性中药品种数	具体品种
	有小毒 31 种	丁公藤、九里香、土鳖虫、大皂角、川楝子（川楝子、炒川楝子）、小叶莲、飞扬草、水蛭（水蛭、烫水蛭）、艾叶（艾叶、醋艾炭）、北豆根、地枫皮、红大戟、两面针、吴茱萸（吴茱萸、制吴茱萸）、苦木、苦杏仁（苦杏仁、焯苦杏仁、炒苦杏仁）、金铁锁、草乌叶、南鹤虱、鸦胆子、重楼、急性子、蛇床子、猪牙皂、绵马贯众、绵马贯众炭、紫萁贯众、蒺藜（蒺藜、炒蒺藜）、榼藤子、鹤虱、翼首草

附表 1－3　全国各省、自治区、直辖市首家通过 GMP 认证的中药饮片企业

序号	企业名称	GMP 认证时间	省份
1	四川新荷花中药饮片股份有限公司	2003 年 7 月	四川
2	北京华邈中药工程技术开发中心	2003 年 8 月	北京
3	广东康美药业股份有限公司	2003 年 10 月	广东
4	江西汇仁堂中药饮片有限公司	2003 年 12 月	江西
5	上海养和堂中药饮片有限公司	2003 年 12 月	上海
6	药都集团茗都中药饮片有限公司	2004 年 2 月	河北
7	山东博康中药饮片有限公司	2004 年 6 月	山东
8	连云港市和兴堂中药材饮片加工厂	2004 年 6 月	江苏
9	亳州千草药业饮片厂	2004 年 6 月	安徽
10	湖北湖村中药材开发有限公司	2004 年 8 月	湖北
11	哈药集团世一堂中药饮片有限责任公司	2004 年 8 月	黑龙江
12	甘肃亚兰特种药材饮片生产有限公司（现甘肃兰药业有限公司）	2004 年 8 月	甘肃
13	天津新内田制药有限公司	2004 年 12 月	天津

续表

序号	企业名称	GMP 认证时间	省份
14	海南寿南山参业有限公司	2004 年 12 月	海南
15	卢氏县中康中药饮片有限公司	2004 年 12 月	河南
16	库尔勒龙之源药业有限责任公司、新疆制药厂（现国药集团新疆制药有限公司）	2005 年 3 月	新疆
17	包头市莨仁药业有限责任公司	2005 年 4 月	内蒙古
18	长沙市泰宝制药有限公司才松堂制药厂	2005 年 4 月	湖南
19	辽宁鹿源参茸饮片有限公司	2005 年 7 月	辽宁
20	厦门光华药业有限公司	2005 年 9 月	福建
21	杭州惠远实业有限公司	2005 年 12 月	浙江
22	贵州裕仁标准药材饮片开发有限责任公司	2005 年 12 月	贵州
23	吉林林村中药开发有限公司	2006 年 1 月	吉林
24	陕西商洛盘龙植物药业有限公司	2006 年 1 月	陕西
25	玉林市陌莹中药饮片有限公司	2006 年 7 月	广西
26	宁夏伊正回药有限责任公司、宁夏明德中药饮片有限公司	2006 年 7 月	宁夏
27	山西星灵中药饮片有限公司	2006 年 7 月	山西
28	重庆康迪药业有限公司	2006 年 9 月	重庆
29	青海九康中药饮片有限公司	2006 年 12 月	青海
30	云南白药集团天紫红药业有限公司、昆明道地中药饮片厂	2007 年 2 月	云南

附表 1－4　各省份发布的中药材产地趁鲜切制品种目录

省份	品种目录
陕西	《陕西省趁鲜切制药材品种目录（第一批）》（2022 年 11 月 8 日）26 个品种：大黄、天麻、白及、丹参、西洋参、玄参、甘草、远志、茜草、苦参、苍术、延胡索、秦皮、秦艽、葛根、柴胡、黄连、黄柏、黄芩、黄芪、黄精、猪苓、淫羊藿、杜仲、厚朴、牡丹皮

续表

省份	品种目录
山东	《山东省规范中药材产地趁鲜切制加工指导意见》（2021 年 7 月 9 日）22 个品种： （1）药材切片：丹参、柴胡、生地黄、西洋参、拳参、赤芍、桔梗、白芷、黄芩、山楂、天花粉、山药、白芍、牡丹皮。 （2）药材切段：北沙参、荆芥、泽兰、忍冬藤、徐长卿、水蛭、蒲公英、远志。 《关于山东省产地趁鲜切制加工中药材第二批品种目录的公告》（2022 年 10 月 13 日）9 个品种： （1）药材切片：木瓜、百部、防风、香附、虎杖。 （2）药材切片或段：玉竹。 （3）药材切丝或块：瓜蒌。 （4）药材切丝：荷叶。 （5）药材切段：益母草
云南	《云南省药品监督管理局关于印发云南省产地加工中药材工作推进方案的通知》（2021 年 8 月 12 日）5 个品种：三七、天麻、重楼、铁皮石斛、白及。 《云南省药品监督管理局关于增加中药材产地加工（趁鲜切制）品种的通知》（2022 年 10 月 25 日）3 个品种：桔梗、黄精、秦艽
天津	《天津市药品监督管理局关于印发规范中药饮片生产企业开展中药材产地趁鲜切制工作指导意见的通知》（2021 年 8 月 23 日）51 个品种： （1）药材切片（共 34 个品种）：知母、桔梗、白芍、白术、白芷、牡丹皮、苏木、当归、党参、黄芪、甘草、延胡索、苎麻根、丹参、三棱、柴胡、拳参、生地黄、西洋参、赤芍、黄芩、天花粉、郁金、莪术、槟榔、川牛膝、天麻、泽泻、前胡、川芎、苍术、人参、鹿角、山药。 （2）药材切段（共 11 个品种）：徐长卿、北沙参、荆芥、泽兰、忍冬藤、蒲公英、水蛭、牛膝、细辛、石斛、远志。 （3）药材切丝（共 1 个品种）：桑白皮。 （4）药材切瓣（共 2 个品种）：金樱子（除去毛、核）、川楝子。 （5）药材切丝或片、段、块（共 2 个品种）：茯神（块）、樟木（片、块）。 （6）去心（共 1 个品种）：巴戟天

续表

省份	品种目录
甘肃	《关于印发甘肃省大宗地产中药材产地加工（趁鲜切制）工作方案》（2021 年 10 月 20 日）7 个品种：当归、党参、黄芪、红芪、大黄、甘草、板蓝根
安徽	《关于安徽省第一批产地趁鲜切制中药材品种的公示》（2021 年 11 月 19 日）26 个品种：白芍、白术、桔梗、知母、丹参、板蓝根、桑白皮、紫菀、射干、何首乌、天麻、灵芝、蒲公英、墨旱莲、马齿苋、半枝莲、白花蛇舌草、穿心莲、大蓟、藿香、马鞭草、佩兰、仙鹤草、紫苏、桑枝、杜仲
福建	《关于发布福建省第一批产地趁鲜加工药材品种目录的通告》（2022 年 1 月 25 日）16 个品种：铁皮石斛、巴戟天、黄精、灵芝、显齿蛇葡萄、荷叶、盐肤木、穿心莲、福建胡颓子叶、养心草、满山白、肿节风、福建山药、三叶青、绞股蓝、泽泻
吉林	《吉林省规范中药材产地趁鲜切制指导意见（试行）》（2022 年 2 月 11 日）10 个品种：人参、西洋参、鹿茸、天麻、苍术、淫羊藿、甘草、返魂草、虎眼万年青、桑黄。 《吉林省产地趁鲜切制中药材品种目录（第二批）》（2022 年 11 月 23 日）3 个品种：灵芝、防风、板蓝根
湖北	《湖北省中药材产地加工（趁鲜切制）指导意见》（2022 年 3 月 7 日）7 个品种：川牛膝、天麻、木瓜、白及、白茅根、陈皮、黄连。 《湖北省产地加工（趁鲜切制）中药材品种目录（第二批）》（2023 年 3 月 23 日）18 个品种：百部、大黄、独活、杜仲、骨碎补、合欢皮、厚朴、黄柏、黄精、金樱子肉、桔梗、木香、青风藤、桑白皮、五加皮、玄参、重楼、灵芝
河南	《河南省规范中药材产地趁鲜切制加工指导意见（试行）（征求意见稿）》（2022 年 3 月 25 日）13 个品种：丹参、柴胡、生地黄、山药、桔梗、白芷、黄芩、山楂、黄精、牛膝、何首乌、茯苓、商陆
湖南	《湖南省药品监督管理局关于印发湖南省规范中药材产地趁鲜切制加工指导意见的通知》（2022 年 6 月 7 日）16 个品种：玉竹、黄精、茯苓、白术、厚朴、杜仲、枳壳（实）、栀子、白莲子、石菖蒲、陈皮、黄柏、荆芥、蕲蛇、蜈蚣

续表

省份	品种目录
重庆	《重庆市规范产地加工（趁鲜切制）中药材管理工作指导原则》（2022 年 6 月 22 日）10 个品种：川牛膝、党参、独活、杜仲、黄连、黄柏、木香、前胡、天麻、枳壳。 《关于发布〈重庆市产地加工（趁鲜切制）中药材品种目录〉第二批的公告》（2023 年 12 月 30 日）：白芷、百部、陈皮、大黄、佛手、金荞麦、黄精、牡丹皮、桑白皮、枳实
浙江	《浙江省规范中药饮片生产企业采购产地趁鲜切制加工中药材指导意见（试行）》（2022 年 7 月 1 日）14 个品种：莪术、金荞麦、白花蛇舌草、楤木、杜仲、芦根、三叶青、蛇六谷、无花果、玄参、温郁金、泽泻、天冬、香茶菜
广东	《广东省中药材产地趁鲜切制工作指导意见（试行）》（2022 年 7 月 29 日）76 个风险管控品种（编者注：实为 75 个，发布文件的附件中序号 62 的品种未列出）： 萹蓄、青蒿、豨莶草、谷精草、金钱草、卷柏、毛鸡骨草、积雪草、委陵菜、紫花地丁、鸡骨草、千里光、海藻、海风藤、木通、油松节、瓜蒌、藁本、白头翁、防风、秦艽、紫草、白薇、红景天、茜草、山豆根、威灵仙、龙胆、北豆根、仙茅、山慈菇、天冬、地龙、水牛角、海螵蛸、木芙蓉叶、猪苓、小蓟、鸭跖草、冬凌草、垂盆草、鹅不食草、伸筋草、地稔、翻白草、薄荷、昆布、肉桂、沉香、檀香、羌活、石菖蒲、玉竹、麻黄、香薷、降香、春柴胡、鱼腥草、马勃、车前草、桑寄生、紫苏叶、厚朴、杜仲、茯苓、续断、玄参、狼毒、甘遂、雪上一枝蒿、天南星、白附子、附子、草乌、川乌
广西	《广西规范中药材产地趁鲜切制加工指导意见（征求意见稿）》（2022 年 8 月 1 日）25 个品种：郁金、莪术、广山药、牛大力、天冬、肉桂、广金钱草、千斤拔、穿心莲、泽泻、巴戟天、百部、广藿香、白及、青蒿、肿节风、黄柏、金樱子肉、玉竹、黄花倒水莲、杜仲、姜黄、厚朴、灵芝、三叉苦
内蒙古	《内蒙古自治区药品监督管理局关于发布第一批内蒙古自治区产地趁鲜切制加工中药材（蒙药材）品种目录的通告 》（2022 年 8 月 17 日）5 个品种：黄芪、防风、苍术、桔梗、甘草

续表

省份	品种目录
新疆	《关于规范中药材产地趁鲜切制有关事宜的通知》（2022 年 12 月 19 日）11 个品种：板蓝根、甘草、肉苁蓉、新疆赤芍、锁阳、黄芪、丹参、黄芩、牛膝、防风、党参
辽宁	《辽宁省规范中药材产地趁鲜切制工作指导意见（试行）》（2022 年 12 月 30 日）9 个品种：人参、西洋参、细辛、龙胆、鹿茸、泽兰、黄芪、黄精、玉竹
黑龙江	《黑龙江省规范中药材产地加工（趁鲜切制）指导意见》（2022 年 12 月 30 日）42 个品种： （1）药材切片（共 27 个品种）：刺五加、人参、西洋参、赤芍、白芍、黄精、黄芪、黄芩、板蓝根、防风、白鲜皮、草乌、地榆、苦参、柴胡、桔梗、党参、鹿茸、甘草、苍术、天麻、关黄柏、知母、北豆根、藁本、升麻、穿山龙。 （2）药材切段（共 8 个品种）：益母草、槲寄生、返魂草、紫苏梗、暴马丁香、蒲公英、车前草、威灵仙。 （3）药材去芯（共 2 个品种）：远志、莲子。 （4）药材切丝（共 1 个品种）：关黄柏。 （5）其他（共 4 个品种）：五味子、金银花、车前子、紫苏子
江西	《江西省中药材产地趁鲜切制品种目录》第一批（2023 年 1 月 10 日）1 个品种：枳壳
宁夏	《宁夏回族自治区规范中药材产地加工（趁鲜切制）指导意见（试行）》（2023 年 1 月 31 日）4 个品种：黄芪、党参、甘草、板蓝根
山西	《山西省药品监督管理局关于规范中药材产地趁鲜加工的通知》（2023 年 6 月 7 月）27 个品种：柴胡、黄芩、黄芪、党参、丹参、黄精、甘草、防风、地黄（生地黄）、赤芍、玉竹、猪苓、远志、板蓝根、石刁柏、蒲公英、射干、知母、桔梗、白芍、秦艽（小秦艽）、瓜蒌、香加皮、丹皮、天麻、杜仲、苍术

附表1－5　国家五年规划（计划）有关中医药的内容

名称	有关中医药的内容	出处
“一五”计划（1953—1957）	积极地发挥中医的力量和作用，认真地做好团结和提高中医的工作，整理和研究中医的经验，并组织对于中医中药知识的学习，搜集、整理民间的秘方，去掉其中不合理的部分，吸收其中一切合理的有效用的部分，继续地改进和提高，借以丰富我国的医药科学。有计划地提高中药的产量和质量，降低中药的成本和价格，并加强中药的收购和供应的工作	第九章“提高人民的物质生活和文化生活的水平”第一节“提高人民物质生活水平”“（四）人民保健事业的发展”
“六五”计划（1981—1985）	继续坚持城乡兼顾、中西医结合的方针，加强城乡各级医疗卫生机构的建设，努力发展医疗卫生事业，使人民的医疗卫生条件进一步改善。 中西医生五年增加23万人，其中医师增加18万人。到1985年，全国专业卫生人员达到421万人，中西医生达到138万人，其中医师89万人……团结中医、西医、中西结合医三支力量，充分发挥他们的作用	第三十四章“卫生、体育事业”第一节“医疗卫生”
“七五”计划（1986—1990）	积极发展中医事业。重点搞好中医药研究基地的建设。有计划地积极发展中医机构和中医病床，争取达到一般市、县都有一所中医医院或中医门诊部	第五十章“卫生和体育”第一节“卫生保健事业”

续表

名称	有关中医药的内容	出处
“九五”计划（1996—2000）	坚持以农村为重点、预防为主、中西医并重、依靠科技进步、为人民健康和经济建设服务的方针，积极发展卫生保健事业。继续振兴中医药事业，促进中西医结合	“九、实施可持续发展战略，推进社会事业全面发展”“（五）卫生”
“十五”计划（2001—2005）	促进……现代中药……等高技术的产业化，支持各行业发展高技术产品	第四章“优化工业结构，增强国际竞争力”第二节“发展高技术产业”
	大力发展中医药，促进中西医结合	第十九章“增加居民收入，提高人民生活水平”第三节“发展卫生、体育事业”
“十一五”规划（2006—2010）	以中西部地区乡镇卫生院为重点，同步建设县医院、妇幼保健机构、县中医院（民族医院）	第九章“深化农村改革”专栏4“新农村建设重点工程/农村医疗卫生服务体系”
	建设一批重大疾病防治疫苗和基因工程药物产业化示范工程，完善现代中药体系，提高新药创制能力	第十章“加快发展高技术产业”专栏5“高技术产业工程重大专项/生物医药”
	加强中药资源普查、保护、开发和可持续利用，建设中药资源基地，大力发展中药产业	第十三章“调整原材料工业结构和布局”第二节“调整化学工业布局”
	保护和发展中医药，加强中医临床研究基地和中医医院建设，推进中医药标准化、规范化。整合优势医学科研资源，加强对重大疾病的研究	第四十章“提高人民健康水平”第三节“加强中医药和医学科研工作”

续表

名称	有关中医药的内容	出处
“十二五”规划（2011—2015）	坚持中西医并重，发展中医医疗和预防保健服务，推进中医药继承与创新，重视民族医药发展。发展中医药教育，加强中医医疗机构和中医药人才队伍建设。加强中药资源保护、研究开发和合理利用，推进质量认证和标准建设。医疗保障政策和基本药物政策要鼓励中医药服务的提供和使用	第三十四章“完善基本医疗卫生制度”第六节“支持中医药事业发展”
	在稳定和拓展旅游、运输、劳务等传统服务出口同时，努力扩大文化、中医药、软件和信息服务、商贸流通、金融保险等新兴服务出口	第五十一章“优化对外贸易结构”第三节“大力发展服务贸易”
	支持澳门推动经济适度多元化，加快发展休闲旅游、会展商务、中医药、教育服务、文化创意等产业	第五十七章“保持香港澳门长期繁荣稳定”第二节“支持港澳培育新兴产业”
“十三五”规划（2016—2020）	广泛开展教育、科技、文化、体育、旅游、环保、卫生及中医药等领域合作	第五十一章“推进‘一带一路’建设”第三节“共创开放包容的人文交流新局面”
	健全中医医疗保健服务体系，创新中医药服务模式，提升基层服务能力。加强中医临床研究基地和科研机构建设。发展中医药健康服务。开展中药资源普查，加强中药资源保护，建立中医古籍数据库和知识库。加快中药标准化建设，提升中药产业水平。建立大宗、道地和濒危药材种苗繁育基地，促进中药材种植业绿色发展。支持民族医药发展。推广中医药适宜技术，推动中医药服务走出去	第六十章“推进健康中国建设”第六节“促进中医药传承与发展”

续表

名称	有关中医药的内容	出处
	改善中医医院基础设施条件。支持中医重点学科和重点专科（专病）建设。加强中医药人才培养。实施中药民族药标准化行动计划	第六十章“推进健康中国建设”专栏21“健康中国行动计划”“（五）中医药传承与创新”
“十四五”规划（2021—2025）	坚持中西医并重和优势互补，大力发展中医药事业。健全中医药服务体系，发挥中医药在疾病预防、治疗、康复中的独特优势。加强中西医结合，促进少数民族医药发展。加强古典医籍精华的梳理和挖掘，建设中医药科技支撑平台，改革完善中药审评审批机制，促进中药新药研发保护和产业发展。强化中药质量监管，促进中药质量提升。强化中医药特色人才培养，加强中医药文化传承与创新发展，推动中医药走向世界	第四十四章“全面推进健康中国建设”第四节“推动中医药传承创新”
	打造20个左右国家中医药传承创新中心，20个左右中西医协同旗舰医院，20个左右中医疫病防治基地，100个左右中医特色重点医院，形成一批中医优势专科	第四十四章“全面推进健康中国建设”专栏17“全民健康保障工程”“05 中医药发展”
	支持澳门丰富世界旅游休闲中心内涵，支持粤澳合作共建横琴，扩展中国与葡语国家商贸合作服务平台功能，打造以中华文化为主流、多元文化共存的交流合作基地，支持澳门发展中医药研发制造、特色金融、高新技术和会展商贸等产业，促进经济适度多元发展	第六十一章“保持香港、澳门长期繁荣稳定”第一节“支持港澳巩固提升竞争优势”

附表1-6　近20年影响中药饮片产业发展的相关政策及法规

时间	相关政策及法规	关键内容
2003年1月	《关于印发中药饮片、医用氧GMP补充规定的通知》	规定了中药饮片生产企业人员、厂房与设施、生产过程管理、中药材购入、生产工艺规程的相关要求
2003年12月	《关于加强中药饮片包装监督管理的通知》	中药饮片的包装必须印有或者贴有标签。中药饮片的标签注明品名、规格、产地、生产企业、产品批号、生产日期。实施批准文号管理的中药饮片还必须注明批准文号。中药饮片在发运过程中必须要有包装。每件包装上必须注明品名、产地、日期、调出单位等，并附有质量合格的标志。对不符合上述要求的中药饮片，一律不准销售
2004年10月	《关于推进中药饮片等类别药品监督实施GMP工作的通知》	自2008年1月1日起，所有中药饮片生产企业必须在符合GMP的条件下生产
2006年5月	《外商投资产业指导目录》	“中药饮片炮制技术的应用及中成药秘方产品的生产”为禁止外商投资产业
2007年1月	《药品流通监督管理办法》	中药材、中药饮片、化学药品、中成药应分别储存、分类存放
2007年3月	《中医药创新发展规划纲要(2006—2020年)》	坚持“继承与创新并重，中医中药协调发展，现代化与国际化相互促进，多学科结合”的基本原则，推动中医药传承与创新发展
2007年3月	《医院中药饮片管理规范》	对医院中药饮片采购、验收、保管、调剂与临方炮制、煎煮等环节作出规定

续表

时间	相关政策及法规	关键内容
2007 年 11 月	《国家中医药管理局办公室关于开展药品零售企业设置中医坐堂医诊所试点工作的通知》	在部分地区药店开展中医坐堂医诊所试点工作
2009 年 1 月	《进一步规范医疗机构药品集中采购工作的意见》	规范集中采购药品目录和采购方式，国家实行特殊管理的第二类精神药品、医疗用毒性药品和放射性药品等少数品种以及中药材和中药饮片等可不纳入药品集中采购目录，麻醉药品和第一类精神药品不纳入药品集中采购目录
2009 年 4 月	《小包装饮片推广使用通知》	小包装饮片第二批试点医院工作，试点医院增加至 465 家
2009 年 5 月	《国务院关于扶持和促进中医药事业发展的若干意见》	加强对中药饮片生产质量和中药材、中药饮片流通监管
2009 年 8 月	《国家基本药物目录》	颁布国家标准的中药饮片为国家基本药物，国家另有规定的除外
2009 年 12 月	《国家基本医疗保险、工伤保险和生育保险药品目录（2009 年版）》	中成药 987 种，增加 20%；中药饮片首次被列入医保目录
2010 年 10 月	2010 年版《中国药典》	饮片系指药材经过炮制后可直接用于中医临床或制剂生产使用的处方药品
2011 年 1 月	《三部门要求加强中药饮片监督管理》	加强中药饮片生产、经营、使用等各个环节的监督
2011 年 2 月	《国家中医药管理局办公室关于印发小包装中药饮片规格和色标的通知》	在总结小包装中药饮片使用单位经验的基础上，广泛征求了中医医院和生产企业等各方面的意见，并研究制定了《小包装中药饮片规格和色标》

续表

时间	相关政策及法规	关键内容
2011 年 3 月	《关于贯彻实施〈药品生产质量管理规范（2010 年修订）〉的通知》	其他类别药品的生产均应在 2015 年 12 月 31 日前达到《药品生产质量管理规范（2010 年修订）》要求
2011 年 5 月	《关于进一步做好中药材质量监管工作的通知》	进一步加强中药材流通环节的监管，加强对中药材及中药饮片经营企业以及中药材专业交易市场硫熏药材的监督检查，加大市场抽样检验的力度，进一步规范中药材及中药饮片的经营销售行为。强化中药制剂及中药饮片生产的监督检查和产品的质量检验
2011 年 6 月	《关于在深化医药卫生体制改革工作中进一步发挥中医药作用的意见》	力争用 3 年时间使大多数乡镇卫生院和 90% 以上的社区卫生服务中心建立标准化的中医科和中药房
2012 年 4 月	《深化医药卫生体制改革 2012 年主要工作安排》	明确公立医院改革，取消药品加成（不包括饮片）
2012 年 10 月	《商务部办公厅、财政部办公厅关于开展中药材流通追溯体系建设试点的通知》	在保定、亳州、成都、玉林市开展中药材流通追溯体系建设试点
2013 年 6 月	《国家食品药品监督管理总局办公厅关于严格中药饮片炮制规范及中药配方颗粒试点研究管理等有关事宜的通知》	严格中药饮片炮制规范。在制定或修订本辖区中药饮片炮制规范时，应严格按照《药品管理法》及其实施条例的相关规定，其收载范围仅限于确有地方炮制特色和中医用药特点的炮制方法及中药饮片。 不得将尚处于科学研究阶段、未获得公认的安全性、有效性方面数据的科研产品，以及片剂、颗粒剂等常规按制剂管理的产品作为中药饮片管理，并不得为其制定中药饮片炮制规范

续表

时间	相关政策及法规	关键内容
2014年6月	《国家食品药品监督管理总局关于发布〈药品生产质量管理规范(2010年修订)〉中药饮片等3个附录的公告》	附录1中药饮片适用于中药饮片生产管理和质量控制的全过程，对从事中药饮片生产的人员、厂房与设施、设备、物料和产品、确认与验证、文件管理、生产管理、质量管理等都作了详细规定
2015年2月	《国务院办公厅关于完善公立医院药品集中采购工作的指导意见》	对麻醉药品、精神药品、防治传染病和寄生虫病的免费用药、国家免疫规划疫苗、计划生育药品及中药饮片，按国家现行规定采购，确保公开透明；医院使用的所有药品（不含中药饮片）均应通过省级药品集中采购平台采购
2015年4月	《中药材保护和发展规划（2015—2020年)》	建设大宗优质中药材生产基地，保障中成药大品种和中药饮片的原料供应。完善中药材质量检验检测体系，加大中药材、中药饮片抽检力度
2015年4月	《中医药健康服务发展规划（2015—2020年)》	规范中药饮片的使用和管理
2015年6月	《国家卫生计生委关于落实完善公立医院药品集中采购工作指导意见的通知》	在“细化药品分类采购措施”中明确，医院使用的所有药品都应在网上采购，但不含中药饮片。在“改进医院药款结算管理”中要求，逐步实现药占比总体降到30%以下，但不包含中药饮片
2015年7月	2015年版《中国药典》	完善了“药材和饮片检定通则”和“炮制通则”；制定了中药材及饮片中二氧化硫残留量限度标准，建立和完善了重金属及有害元素、黄曲霉毒素、农药残留等物质的检测限度标准

续表

时间	相关政策及法规	关键内容
2015 年 12 月	《关于同步推进公立中医医院综合改革的实施意见》	鼓励和规范中药饮片使用，规范中药饮片采购过程，加强中药饮片合理应用监管
2016 年 2 月	《关于征求全国中药饮片炮制规范（一）（征求意见稿）意见的函》	对第一批 92 个中药饮片炮制规范草案征求意见
2016 年 2 月	《中医药发展战略规划纲要（2016—2030 年）》	继续实施不取消中药饮片加成政策
2016 年 8 月	《中医药发展“十三五”规划》	中医诊疗量占诊疗总量的比例力争达到 30%。到 2020 年，所有社区卫生服务机构、乡镇卫生院和 70% 的村卫生室具备中医药服务能力。建立覆盖全国中药材主要产区的资源监测网络。建立中药材生产流通全过程质量管理和质量追溯体系。所有二级以上中医医院均与养老机构开展不同形式的合作。实施中医药标准化工程，重点开展中医基础通用标准、技术操作规范和疗效评价的标准制定推广与应用
2016 年 10 月	《“健康中国 2030”规划纲要》	充分发挥中医药独特优势，提高中医药服务能力，发展中医养生保健治未病服务，推进中医药继承创新
2016 年 12 月	《中华人民共和国中医药法》	（1）支持和鼓励炮制工艺和研究。（2）明确对医疗机构使用中药饮片的管理，规定医疗机构炮制中药饮片要实行备案制。（3）明确医疗机构使用中药饮片的法律责任
2016 年 12 月	《中国的中医药》白皮书	中医药不但在国内有长足发展，而且已传播到世界 183 个国家和地区

续表

时间	相关政策及法规	关键内容
2017 年 2 月	《“十三五”国家药品安全规划》	加强生产环节监管。全面实施药品生产质量管理规范、中药材生产质量管理规范和中药饮片炮制规范、医疗器械生产质量管理规范
2017 年 5 月	《中医药“一带一路”发展规划（2016—2020)》	到2020 年，与沿线国家合作建设 30 个中医药海外中心，颁布 20 项中医药国际标准，注册 100 种中药产品，建设 50 家中医药对外交流合作示范基地
2017 年 5 月	《“十三五”中医药科技创新专项规划》	完善中医药国际标准，形成不少于 50 项药典标准和 100 项行业标准，实现 20 ~ 30 个中成药品种的药物注册及 5 ~ 10 个中成药品种在欧美的药品注册；建立一批中医药研究中心与联合实验室，加强与“一带一路”沿线国家的合作
2017 年 7 月	《外商投资产业指导目录（2017 年修订)》	“中药饮片的蒸、炒、炙、煅等炮制技术的应用及中成药保密处方产品的生产”纳入禁止外商投资项目
2017 年 7 月	《关于加强药事管理转变药学服务模式的通知》	加大处方点评力度。中医医院还要按照《国家中医药管理局关于进一步加强中药饮片处方质量管理强化合理使用的通知》要求，建立严格的中药饮片处方专项点评制度，重点对不符合辨证论治等中医药理论的不合理用药，进行干预管理
2017 年 8 月	《关于印发中药材产业扶贫行动计划(2017—2020 年)的通知》	打造一批药材基地，形成精准扶贫新格局：建立“定制药园”，鼓励公立中医医院优先采购以“定制药园”中药材为主要原料的药品(含中药饮片)。 发展一批健康产业，推动扶贫成果有效增值：促进综合利用，鼓励对“传统非药用部位”、药材及饮片加工过程中下脚料等废弃物开展再生利用研究

续表

时间	相关政策及法规	关键内容
2017 年 9 月	《国家中医药管理局关于进一步加强医疗机构中药饮片管理的通知》	提高对加强中药饮片管理重要性的认识，加强医疗机构中药饮片重点环节管理，落实医疗机构中药饮片管理各项保障措施
2017 年 10 月	《关于深化审评审批制度改革鼓励药品医疗器械创新的意见》	支持中药传承和创新。经典名方类中药，按照简化标准审评审批
2017 年 11 月	《药品生产监督管理办法》	从事药品生产活动，依法取得药品生产许可证。中药饮片生产企业应当履行药品上市许可持有人的相关义务，确保中药饮片生产过程持续符合法定要求。从事制剂、原料药、中药饮片生产活动，申请人应当按照本办法和国家药品监督管理局规定的申报资料要求，向所在地省、自治区、直辖市药品监督管理部门提出申请。中药饮片符合国家药品标准或者省、自治区、直辖市药品监督管理部门制定的炮制规范的，方可出厂、销售
2017 年 11 月	《“十三五”健康老龄化规划重点任务分工》	强调了“开展老年人中医药”养老概念，“中医养老”成为亮点
2017 年 12 月	《国家中医药管理局关于推进中医药健康服务与互联网融合发展的指导意见》	到2020 年，中医药健康服务与互联网融合发展迈上新台阶……线上线下结合更加紧密，产业链逐步形成……实现人人基本享有中医药服务
2018 年 4 月	《国家药品监督管理局关于发布省级中药饮片炮制规范修订的技术指导原则的通知》	为加强对中药饮片的管理，规范省级中药饮片炮制规范的修订工作，增强中药饮片质量的可控性

续表

时间	相关政策及法规	关键内容
2018 年 8 月	《中药饮片质量集中整治工作方案》	严格中药饮片生产企业准入标准，严格核定中药饮片企业炮制范围；推进全国中药饮片炮制规范的制定；结合中药饮片特点和当前生产实际，修订完善 GMP 中药饮片附录，增强适用性，促进中药饮片企业规范化、专业化、规模化生产
2018 年 8 月	《关于加强中医药健康服务科技创新的指导意见》	加快中药质量国际标准制定以及名优中成药、大健康产品、医疗器械及辅助用具的国际化注册，促进中医药健康服务和产品进入国际医药和保健主流市场
2018 年 8 月	《国家药品监督管理局办公室关于中药饮片标签标识有关问题的复函》	中药饮片标签标识上标明的适应症或者功能主治应当符合国家药品标准的规定。中药饮片标签标识超出国家药品标准规定的适应症或者功能主治范围的，属于《中华人民共和国药品管理法》第四十八条第三款第（六）项规定的“所标明的适应症或者功能主治超出规定范围的”情形，应当按假药论处
2018 年 12 月	《全国道地药材生产基地建设规划(2018—2025 年)》	到2020 年，建立道地药材标准化生产体系，基本建成道地药材资源保护与监测体系，加快建设覆盖道地药材重点产区的生产基地。到 2025 年，健全道地药材资源保护与监测体系，构建完善的道地药材生产和流通体系，建设涵盖主要道地药材品种的标准化生产基地，全面加强道地药材质量管理，良种覆盖率达到 50% 以上，绿色防控实现全覆盖
2019 年 3 月	《中华人民共和国药品管理法实施条例》	对中药饮片的生产、流通、使用及法律责任都有了明确的规定，正式确立了中药饮片生产企业要履行药品上市许可持有人的义务，并对假药劣药提出了清晰的界定标准

续表

时间	相关政策及法规	关键内容
2019 年 5 月	《进口药材管理办法》	药材进口单位，应当是中国境内的中成药上市许可持有人、中药生产企业，以及具有中药材或者中药饮片经营范围的药品经营企业
2019 年 8 月	《国家基本医疗保险、工伤保险和生育保险药品目录》	纳入 892 个中药饮片，明确了不得纳入基金支付范围的饮片
2019 年 10 月	《药品经营监督管理办法（征求意见稿）》	中药饮片纳入药品经营企业经营范围。通过网络销售的药品，应当依法取得药品注册证书；但是，未实施审批管理的中药饮片除外。药品购进验收记录应当注明药品的通用名称、药品上市许可持有人（中药饮片标明产地）、剂型、规格、批号、生产日期、有效期、批准文号、供货单位、数量、价格、购进日期
2019 年 10 月	《中共中央　国务院关于促进中医药传承创新发展的意见》	促进中药饮片和中成药质量提升。健全中药饮片标准体系，制定实施全国中药饮片炮制规范。改善市场竞争环境，促进中药饮片优质优价。以中药饮片监管为抓手，向上下游延伸，落实中药生产企业主体责任，建立多部门协同监管机制，探索建立中药材、中药饮片、中成药生产流通使用全过程追溯体系，用 5 年左右时间，逐步实现中药重点品种来源可查、去向可追、责任可究。完善中医药价格和医保政策，研究取消中药饮片加成相关工作
2019 年 10 月	《产业结构调整指导目录（2019 年本）》	将“中药饮片炮制技术传承与创新”纳入鼓励类医药产业目录
2019 年 11 月	《〈中共中央　国务院关于促进中医药传承创新发展的意见〉重点任务分工方案》	明确了促进中药饮片和中成药质量提升、加强中药质量安全监管等任务分工承担的部门及单位

续表

时间	相关政策及法规	关键内容
2019 年 12 月	《中华人民共和国药品管理法》（2019 年修订）	明确中药材、中药饮片审批管理部门。提出建立饮片追溯体系。明确中药饮片炮制工艺执行标准。规定了生产销售不符合规定中药饮片的相关处理方法
2020 年 1 月	《国家药监局关于省级中药饮片炮制规范备案程序及要求的通知》	明确了省级中药饮片炮制规范的备案程序和要求
2020 年 2 月	《中药饮片专项整治工作方案》	国家药品监督管理局决定在全国范围开展为期 1 年半的中药饮片专项整治工作。重点包括 4 个方面：中药饮片和制剂生产企业的检查、中药饮片经营使用单位的检查、中药材专业市场的检查、中药饮片抽验和案件查办
2020 年 2 月	《国家药监局关于省级中药材标准和饮片炮制规范中标准物质有关事宜的通知》	进一步加强和规范省级中药材标准及中药饮片炮制规范中收载使用的标准物质标定和分发工作
2020 年 7 月	《国家药监局综合司关于假药劣药认定有关问题的复函》	对假药、劣药的处罚决定，有的无须载明药品检验机构的质量检验结论。根据《药品管理法》第九十八条第二款第四项“药品所标明的适应症或者功能主治超出规定范围”认定为假药，以及根据《药品管理法》第九十八条第三款第三项至第七项认定为劣药，只需要事实认定，不需要对涉案药品进行检验，处罚决定亦无须载明药品检验机构的质量检验结论
2020 年 9 月	《基本医疗保险用药管理暂行办法》	纳入国家《基本医疗保险药品目录》的药品应当是……按国家标准炮制的中药饮片，并符合临床必需、安全有效、价格合理等基本条件。中药饮片采用专家评审方式进行调整

续表

时间	相关政策及法规	关键内容
2020 年 10 月	《中药新药用饮片炮制研究技术指导原则（试行）》	本指导原则主要包括炮制工艺、炮制用辅料、饮片标准、包装与贮藏等内容，旨在为中药新药用饮片炮制的研究提供参考
2020 年 10 月	《中药新药质量标准研究技术指导原则（试行）》	本指导原则旨在为我国中药新药质量标准研究提供技术指导，重点阐述中药新药质量标准研究及质量标准制定的基本要求，天然药物的质量标准研究也可参照本指导原则
2020 年 12 月	《国家药监局关于促进中药传承创新发展的实施意见》	促进中药守正创新，推动古代经典名方中药复方制剂研制。明确古代经典名方中药复方制剂研制有关技术要求，促进古代经典名方中药复方制剂研发，推进古代经典名方向新药转化。会同国务院中医药主管部门，建立沟通协调机制，组织研究、制定古代经典名方关键信息考证意见
2020 年 12 月	2020 年版《中国药典》	共修订 250 余种饮片质量标准，完善了中药材和中药饮片检定通则、炮制通则，建立完善了重金属、有害元素、黄曲霉毒素、农药残留、二氧化硫等物质的检测限度标准。关于中药饮片修订内容主要包括以下 7 个方面：增收部分中药饮片品种和规格，规范中药饮片名称，重点完善和规范中药饮片炮制方法，完善中药饮片的规格和基本质控指标，加强中药饮片的专属性鉴别，重点加强中药饮片外源性有毒有害残留物的限量检测，建立专属性且能体现饮片特点的含量测定方法
2021 年 1 月	《中药新药质量研究技术指导原则（试行）》	加强药材/饮片全过程质量研究与控制，鼓励应用现代信息技术建立药材/饮片的追溯体系。关注由药材/饮片引入的农残、重金属等外源性污染物，并建立必要的检查方法

续表

时间	相关政策及法规	关键内容
2021年1月	《关于加快中医药特色发展的若干政策措施》	积极支持符合条件的中医药企业上市融资和发行公司信用类债券。鼓励社会资本发起设立中医药产业投资基金，加大对中医药产业的长期投资力度。鼓励各级政府依法合规支持融资担保机构加大对中医药领域中小企业银行贷款的担保力度。 加快推进中药审评审批机制改革。以中医临床需求为导向，加快推进国家重大科技项目成果转化
2021年1月	《中药配方颗粒质量控制与标准制定技术要求》	明确了配方颗粒原料为中药饮片，并对各类饮片入剂方式作出了相应的指导
2021年5月	《关于支持国家中医药服务出口基地高质量发展若干措施的通知》	从完善体制机制、创新支持政策、提升便利化水平、拓展国际合作空间、加强人才培养和激励5个方面提出18条具体政策措施，着力完善发展环境，形成部门政策合力，支持国家中医药服务出口基地大力发展中医药服务贸易，推动中医药服务走向世界
2021年7月	《国家药监局综合司关于中药饮片生产企业采购产地加工（趁鲜切制）中药材有关问题的复函》	对产地趁鲜切制中药材作出了明确规定及管理要求

附表1-7　历版《中国药典》收载的药材及饮片情况

版次	药材及饮片数/个	饮片规格数/个	其中单列饮片数/个
1963年版	446	678	—
1977年版	730	520	—

续表

版次	药材及饮片数/个	饮片规格数/个	其中单列饮片数/个
1985 年版	458	580	6
1990 年版	509	693	6
1995 年版	522	704	14
2000 年版	534	716	16
2005 年版	551	751	21
2010 年版	616	769	25
2015 年版	618	822	25
2020 年版	616	817	25

附表 1-8　常用中药炮制辅料的质量标准

辅料	国家标准	地方标准	其他质量标准
蜂蜜	2020 年版《中国药典》	《陕西省中药饮片标准》（第一册）、《湖南省中药饮片炮制规范》（2010 年版）、《广西壮族自治区中药饮片炮制规范》（2007 年版）、《上海市中药饮片炮制规范》（2018 年版）、《江西省中药饮片炮制规范》（2008 年版）、《安徽省中药饮片炮制规范》（2019 年版）、《江苏省中药饮片炮制规范》（2002 年版）、《贵州省中药饮片炮制规范》（2005 年版）、《浙江省中药炮制规范》（2015 年版）、《重庆市中药饮片炮制规范及标准》（2006 年版）	《食品安全国家标准　蜂蜜》（GB 14963—2011）
滑石粉	2020 年版《中国药典》	《北京市中药饮片炮制规范》（2008 年版）、《陕西省中药饮片标准》（第一册）	—
麻油	2020 年版《中国药典》	—	—

续表

辅料	国家标准	地方标准	其他质量标准
食盐	—	《陕西省中药饮片标准》(第一册)、《广东省中药饮片炮制规范》(第一册)、《安徽省中药饮片炮制规范》(2019年版)	《食品安全国家标准 食用盐》(GB 2721—2015)
醋	—	《陕西省中药饮片标准》(第一册)、《广东省中药饮片炮制规范》(第一册)	《酿造食醋》(GB/T 18187—2000)
黄酒	—	《陕西省中药饮片标准》(第一册)、《广东省中药饮片炮制规范》(第一册)	《黄酒》(GB/T 13662—2018)
白酒	—	—	《白酒质量要求 第1部分:浓香型白酒》(GB/T 10781.1—2021) 《白酒质量要求 第2部分:清香型白酒》(GB/T 10781.2—2022) 《白酒质量要求 第3部分:米香型白酒》(GB/T 10781.3—2006)
麸皮(麦麸)	—	《江西省中药材标准》(2014年版)、《陕西省中药饮片标准》(第一册)	《食用小麦麸皮》(NY/T 3218—2018)
大米	—	—	《大米》(GB/T 1354—2018)
羊脂油	—	—	《食品安全国家标准 食用动物油脂》(GB 10146—2015)

续表

辅料	国家标准	地方标准	其他质量标准
油	—	—	《食用植物油卫生标准》（GB 2716—2018）
灶心土	—	《江西省中药饮片炮制规范》（2008年版）	—
胆巴	—	《四川省中药饮片炮制规范》（2015年版）	—

注：尚未制定质量标准的炮制辅料和已制定质量标准但未介绍操作工艺的炮制辅料在本表未做介绍。

附表1-9　“七五”至“十三五”期间中药炮制研究项目、品种概况

时期	课题名称	牵头单位	品种
“七五”时期	中药的炮制	上海中药研究所（18味） 中国中医科学院（2味）	何首乌、白芍、远志、厚朴、苦杏仁、五味子、穿山甲、棕榈、枳壳、吴茱萸、斑蝥、黄芩、延胡索、熟地黄、当归、川楝子、女贞子、白术、商陆、白附子
“八五”时期	中药的炮制	中国中医科学院	芫花、补骨脂、肉苁蓉、关白附、决明子、水蛭、槟榔、乳香、苍耳子、川乌、草乌、栀子、肉豆蔻、天南星、朱砂、甘遂、香附、半夏、马钱子、藤黄
“九五”时期	中药饮片炮制工艺及质量标准示范研究	中国中药有限公司	川乌、草乌、马钱子、半夏、斑蝥、当归、黄芪、槟榔、白芍、黄芩
	中药饮片炮制工艺及质量标准规范化研究	中国中医科学院	芫花、补骨脂、炮天雄、制南星、大黄、白前、赤芍、枳壳、牡丹皮、延胡索

续表

时期	课题名称	牵头单位	品种
“十五”时期	30种中药炮制工艺及质量标准规范化研究	中国中医科学院 中国中药有限公司 南京中医药大学	川芎、青皮、槐花、干姜、山楂、炉甘石、侧柏叶、马兜铃、牛膝、巴戟天、黄柏、葛根、甘草、黄连、柴胡、丹参、白术、酸枣仁、鳖甲、郁金、山药、荆芥、莪术、乌梅、牵牛子、千金子、贯众、麻黄、瓜蒌子、大蓟
	50种中药炮制工艺及质量标准规范化研究	中国中药有限公司 中国中医科学院 南京中医药大学	苦参、桑叶、北五味子、枳壳、杜仲、川牛膝、人参、何首乌、苍术、泽泻、香附、龙胆、党参、莱菔子、防风、女贞子、川楝子、栀子、牛蒡子、知母、天麻、升麻、前胡、远志、益智仁、厚朴、骨碎补、苦杏仁、西洋参、三七、肉豆蔻、吴茱萸、茜草、蒲黄、生姜、百合、地榆、小蓟、石膏、麦芽、木瓜、决明子、地黄、肉苁蓉、淫羊藿、紫菀、诃子、百部、锁阳、蔓荆子
	中药炮制辅料醋和酒的规范化研究	中国中医科学院	辅料：醋、酒
	麸炒和有毒中药醋制工艺规范化研究	辽宁中医药大学	辅料：麦麸、醋
“十一五”时期	中药炮制共性技术与相关设备研究	辽宁中医药大学	醋制：延胡索、芫花、乳香、龙胆、牛膝、地龙。 全浸润：大黄、槟榔、白芍、甘草、白术。 制霜：巴豆、千金子、柏子仁、木鳖子、瓜蒌仁。 炒制：白芥子、决明子、山楂、槟榔、苍术、枳壳。 复制：南星、半夏、禹白附。

续表

时期	课题名称	牵头单位	品种
			炒(制）炭：牡丹皮、白茅根、侧柏叶、地榆、藕节。 煅制：石膏、牡蛎、磁石、赭石、自然铜。 蒸制：五味子、山茱萸、何首乌、黄精、女贞子。 蜜制：甘草、黄芪、百部、前胡、麻黄。 盐制：益智仁、补骨脂、黄柏、知母、杜仲
	食药两用8种炮制辅料药用标准研究	中国中医科学院	辅料：蜂蜜、麦麸、羊脂油、胆汁、黑豆汁、盐、姜汁、白矾
“十二五”时期	附子等中药炮制方法传承与规范化应用研究	中国中药有限公司	附子、川乌、草乌、半夏、巴豆、马钱子、千金子
	19种生熟异用中药饮片临床规范使用研究	辽宁中医药大学	人参、地黄、白术、五味子、苍术、黄芪、桑白皮、淫羊藿、大黄、蒲黄、茜草、延胡索、何首乌、三七、桑螵蛸、百部、巴戟天、决明子、柴胡
	中药材硫磺熏蒸替代技术及规范化研究	南京中医药大学	—
	中药饮片调剂规范化研究	江西中医药大学	雄黄、磁石、赭石、紫石英、石膏、青黛、风化硝、滑石、煅炉甘石、金银花、大青叶、茵陈、薄荷、白芷、菊花、黄芪、苦杏仁、枸杞子、葛根、山药、熟地黄、黄精、陈皮、枳壳、马钱子、半夏、川乌

续表

时期	课题名称	牵头单位	品种
	临床中药汤剂煎煮技术规范化研究	南京中医药大学	补阳还五汤、银翘散、四逆汤、小承气汤、黄连阿胶汤、旋覆代赭汤
	30种中药饮片规格及质量评价标准研究	中国中医科学院	五味子、防风、栀子、白芍、延胡索、黄芩、葛根、黄芪、甘草、制何首乌、荆芥、苦参、丹参、大青叶、板蓝根、泽泻、款冬花、石膏、厚朴、茯苓、苍术、玄参、牡丹皮、白术、川牛膝、天麻、川芎、附子、黄连、黄柏
	中药麸制及有毒中药炮制技术与原理研究	辽宁中医药大学	甘遂、京大戟、狼毒、艾叶、木香、枳实、薏苡仁
	六神曲等7种中药发酵技术及规范化应用研究	中国中药有限公司	六神曲、淡豆豉、炮天雄、胆南星、百药煎、红曲、半夏曲
	30种中药饮片产地加工与炮制生产一体化关键技术规范研究	南京中医药大学	连翘、苦参、茯苓、黄柏、片姜黄、乌药、土茯苓、莪术、延胡索、地榆、商陆、黄精、玉竹、天冬、知母、地黄、山药、肉桂、秦皮、山楂、佛手、枳壳、宣木瓜、苦杏仁、大黄、佩兰、香薷、藿香、何首乌、益母草
	中药标准饮片制备技术规范	中国中医科学院中药研究所	—
"十三五"时期	中药饮片标准化研究专项	东阿阿胶股份有限公司、湖北金贵中药饮片有限公司、安徽协和成药业饮片有限公司、亳州市沪谯	阿胶、白及、白芍、白术、白芷、百合、板蓝根、半夏、半枝莲、北沙参、槟榔、苍术、草珊瑚、柴胡、蟾酥、车前子、沉香、陈皮、川贝母、川牛膝、川乌、川芎、穿山甲、穿心莲、大黄、丹

续表

时期	课题名称	牵头单位	品种
		药业有限公司、北京同仁堂（亳州）饮片公司、北京华邈药业有限公司、安徽广印堂中药股份有限公司、四川新绿色药业科技发展有限公司等40余家中药饮片企业	参、胆南星、当归、党参、地黄、地龙、莪术、防风、茯苓、附子、甘草、高良姜、枸杞子、广藿香、广金钱草、何首乌、厚朴、化橘红、黄柏、黄精、黄连、黄芪、黄芩、姜黄、僵蚕、降香、金银花、荆芥、桔梗、菊花、苦参、款冬花、连翘、六神曲、龙胆、鹿茸、麻黄、麦冬、牡丹皮、木瓜、牛膝、蕲蛇、前胡、羌活、秦艽、人参、肉桂、三七、山药、山楂、酸枣仁、太子参、天麻、乌梢蛇、吴茱萸、五味子、西红花、西洋参、细辛、夏枯草、夏天无、香薷、玄参、益智、薏苡仁、鱼腥草、郁金、远志、泽泻、知母、栀子、枳壳、枳实、重楼、猪苓、紫菀
	中药饮片智能调剂和煎煮设备关键技术研究	郑州众生实业集团有限公司	—
	10种传统特色炮制方法的传承、工艺技术创新与工业转化研究	江西中医药大学	法半夏、制川乌、六神曲、淡豆豉、百药煎、红曲、煅灯心草、枯矾、煅炉甘石、鲜竹沥、蛋黄油、炆黄精、炆远志、九蒸九晒地黄、九蒸九晒黄精、熟三七、青黛、炉甘石、蜜麸枳壳、枳实、炙白术、酒制蟾酥、酒乌梢蛇、百合、炙桔梗
	中药饮片质量识别关键技术研究	南京中医药大学	—

续表

时期	课题名称	牵头单位	品种
	中药材净切制关键技术与智能设备研究及应用	九州天润中药产业有限公司	—
	中药饮片智能化生产模式及一致性评价研究	广东药科大学	35 个饮片品种（名单不详）

注：①“—”为品种情况不详。

②牵头单位名称均为现用名。